世界的风景，就在我们眼中。

北京市版权局著作权合同登记图字：01-2014-4599
策划编辑：陈凤玲
责任编辑：陈凤玲

图书在版编目（CIP）数据

开始在日本自助旅行／魏国安编著、摄. — 北京：
旅游教育出版社，2015.1
（快意畅游）
ISBN 978-7-5637-3088-9

Ⅰ．①开… Ⅱ．①魏… Ⅲ．①旅游指南-日本 Ⅳ．
①K931.39

中国版本图书馆CIP数据核字（2014）第304631号

《開始在日本自助旅行》
中文简体版©2014由旅游教育出版社发行
本书由台湾太雅出版有限公司通过安伯文化事业有限公司授权旅游教育出版社在中国大陆独家发行中文简体字版本。
非经书面同意，不得以任何形式任意重制、转载。

开始在日本自助旅行（快意畅游）
魏国安　编著／摄影

出版单位：	旅游教育出版社
地　　址：	北京市朝阳区定福庄南里1号
邮　　编：	100024
发行电话：	（010）65778403　65728372　65767462（传真）
E-mail ：	tepfx@163.com
印刷单位：	北京利丰雅高长城印刷有限公司
经销单位：	新华书店
开　　本：	787毫米×960毫米　1/16
印　　张：	9
字　　数：	127千字
版　　次：	2015年1月第1版
印　　次：	2015年1月第1次印刷
定　　价：	35.00元

（图书如有装订差错请与发行部联系）

◎ 编者语

一起出发，到日本自助旅行！

您是不是买了一堆旅游书想到日本玩，

却还迟迟不敢出发？

本书把您的担心与疑惑，

化为一个个的技巧与步骤，

让您在日文不通的情况下，也能前往日本吃喝玩乐畅快游！

全书将日本的旅行生活，分成出发前必知的"认识日本"及"行前准备"，飞抵日本的"机场篇""住宿篇""日本交通篇""东京、大阪交通篇"，日本当地的"饮食篇""观光购物篇""通信篇""应变篇"。

环环相扣的旅行流程篇章安排，

简单易懂的写法与标题搜寻，

各种旅行状况的提示，加上应用日语，

带着这本书，

游日本再也不是什么难事！

「游日本铁则」

☑ 方向大不同，行人请靠左！

理由：日本是个"人靠左走、车靠左行"的国家。在人行道上请靠左走，以免与行人、脚踏车碰撞，或躲开他们；关东地区手扶电梯请靠左站立，关西地区请靠右站立，另一侧留给赶时间的人；过马路也要小心，因车辆行驶方向不同，要看清楚来车再过。咱们多年的靠右走习惯一时之间很难调整，初到日本难免走错边、站错方向，不过很快就会适应了。

☑ 高峰时段搭电车，超级拥挤！

理由：日本地铁的便利程度是世界闻名的，尤其是东京的地铁网络更是四通八达，到哪儿都方便，但是如非必要请避开上下班高峰时段乘车，因为站台满满都是人，推人入车厢绝非网络传言。我就有过脚不着地被推着前进的经历，连要挤下车都很困难。除非您很想体验挤沙丁鱼的滋味，不然购物后大包小包，或随身行李大而重又赶上高峰时段乘车，绝对不是什么好体验。07:00～08:30、17:00～18:30都算是高峰时段，21:00加班后的下班潮也不容小觑。

☑ 自动售货机什么都卖！

理由：日本的自动售货机是出名的方便，连鲜花、蔬果也有的卖；饮料是最多、也最普遍的。但您知道吗？同样的饮料在不同区域，要价也不同，市中心最贵（跟便利商店的价线一样），越往郊区越便宜；住宅区巷弄内的最便宜，有些售货机一律售价一百日元，比起市中心要便宜30～60日元。

☑ 好困啊！一定要这么早出门吗？

理由：时间宝贵别浪费，这是旅行者的共同经验，但有必要那么早起吗？如果您要去其他城市，或前往较远的郊区，那么早起乘车是必要的；若只在市区活动，其实可以悠闲一点，在饭店吃饱早餐再出门也不迟。日本商店的开业时间跟国内差不多，太早去也没用；若您是天生早起的人，倒是可以先去寺庙参观，早点去会比较安静；若您的行程是购物，不妨睡饱后备足体力再出门。

☑ 坦诚相见，大澡堂共浴体验！

理由：到日本旅行，不洗大澡堂、泡温泉似乎少了一点乐趣。日本人习惯使用共浴的大浴池，泡热水、泡温泉，消除一日的疲劳。许多家庭旅馆或平价商务旅馆也是卫浴共享，记得衣物要放在更衣区，洗完头发、身体后才能进入浴池浸泡，浸泡时不要用毛巾搓身体哟！其实共浴不用在意别人的目光，大家都忙着泡澡，根本没有人会去注意谁，自在一点反而比较容易融入环境呢！

☑ 如何吃得又便宜又饱?

理由：日本物价很高，要好好游玩一趟日本花费也不少。在旅行经费有限的情况下，吃到又好吃又便宜的一餐颇为重要。日本连锁的大众餐厅很多，如松屋、吉野家、すき家等，都是一张500日元就可以吃饱的餐厅；还有各家便利商店的便当、御饭团、关东煮等，也都是500日元左右就可以解决一餐，既填饱了肚子也节省了银子。

图片提供／许志忠

图片提供／许志忠

☑ "Suica(西瓜卡)"在手,吃喝玩乐畅行无阻!

理由：在东京旅行，这张卡最好用，不仅可以搭乘所有的地铁路线，还可以在自动售货机买饮料、商店购物、餐厅吃饭，一卡在手，用处多多，免去身上带着一堆零钱的麻烦。使用方法与国内的公交卡相同，感应扣款。Suica卡可在机场服务台或JR的自动售票机购买，还可随时充值，又方便又好用。

☑ 万能便利商店，24小时真方便!

理由：便利商店是出门在外的好伙伴，吃饭找它、口渴找它、买票找它、问路也可以找它，需要前往各个城市的旅行者更要找它——若不想提着大件、笨重的行李乘车赶路，也不妨请便利商店代为递送到指定的地点或旅馆，花点钱可让旅途更轻松。邮局也有代客递送行李到机场大厅的服务，不过得提早3天左右寄出行李，免得您已经准备安检，行李却还没到。

《开始在日本自助旅行》
就是张旅日通行证

　　我第一次到日本旅行是自助游，开始了就停不下来，想不到如今因为工作的关系，可以继续在日本自助旅游下去。以前写旅游书，好像自己是个导游，带着读者游玩；现在写这本书，已摇身一变成为"隐形游侠"，在读者遇到麻烦或有需要时就会蹦出来解惑，虽然出场次数较少、往往在最后关头才亮相，却是令人印象最为深刻的。

　　个人旅行，是主动性的旅程，不像跟团游，什么都安排妥当了，出发前要先对目的地有深入的文化了解并掌握相关信息。如此一来，从准备游日本那一刻开始，安排行程计划，一直到提起背包踏上旅途，自然就能畅通无阻，遇到问题时也能容易找出解决办法。

　　以自助游形式到日本观光现在已经是一件很平常的事了。不过，有时即使拿着信息齐备的旅游书，旅程中遇上各种语言、文化、交通或住宿等问题，恐怕也一时无法解决。光东京天罗地网般的交通就已经够让人头痛了，所以我写了这样一本适合初次或多次游日本的旅游参考工具书。

◎ 作者序

本书将旅行中可能遇到的各种情况分为10个篇章，从出发前的认识了解、行李及证件准备、抵达日本即能用上的"机场篇"，旅游日本时的"交通篇""住宿篇""观光购物篇"及"饮食篇"，甚至遇上麻烦时的"通信篇""应变篇"等，全都一应俱全。

除精选的旅游实用日语外，本书还有图文并茂、一步一步的步骤示范，解说日本国铁JR、新干线、东京地铁等交通工具的订票、买票、乘车或转乘的方法，再错综复杂的系统路线图，也自能迎刃而解。还有多项细心的小建议，让您不会因为文化的差异而碰钉子，甚至连日本料理解说、餐桌礼仪、跟日本人交朋友、到旅馆及饭店或青年旅舍投宿的注意事项，还有日本一年四季的节日风俗等，都为您讲个明明白白。

要成为一个对日本大事小情都了然于胸的"日本通"实非易事，但要当个旅行上的"日本通"，翻开了这本书的您，就已经找对门路了！

魏国安

开始在日本自助旅行 10

目录 CONTENTS

- **05** 编者语
- **06** 游日本铁则
- **08** 作者序
- **12** 如何使用本书

15
认识日本
日本，是个什么样的国家？
- **16** 日本小档案
- **19** 应用日语

21
行前准备
出发前，要做哪些准备？
- **22** 要准备的证件
- **25** 掌握假日节庆信息
- **28** 兑换货币
- **29** 打包行李

30
机场篇
抵达机场后，如何顺利入出境？
- **32** 如何入出境日本
- **34** 认识东京成田机场
- **39** 认识东京羽田机场
- **41** 认识大阪关西机场
- **43** 应用日语

45
住宿篇
在日本旅行，有哪些住宿选择？
- **46** 实用订房网站
- **47** 廉价商务酒店
- **48** 旅馆·民宿
- **49** 商务饭店·大饭店
- **50** 青年旅舍
- **52** 应用日语

55
日本交通篇
游遍日本，该选什么交通工具？
- **56** 认识日本国铁
- **58** 认识JR Pass
- **61** 如何在网上查询火车车次
- **62** 如何使用JR Pass搭火车
- **64** 如何搭地铁、如何搭公交车
- **66** 如何搭乘长途巴士
- **69** 如何搭出租车
- **69** 应用日语

Traveling in Japan

73 东京、大阪交通篇
在东京、大阪如何搭车?

74 如何在东京搭火车
74 搭JR列车
81 有趣的电车路线
82 搭乘地铁
86 东京的主要电车路线
88 交通票券大解析
90 如何在大阪搭火车
90 新大阪车站与大阪车站
92 大阪主要的地铁路线

95 饮食篇
在日本怎么吃、怎么喝?

96 去哪里找吃的
98 日本饮食大观园
104 平价连锁餐厅
104 日本省钱饮食生活
105 日本的便利商店
106 应用日语

109 观光购物篇
到日本,哪里购物最好?

110 上网抢先游日本
112 到东京买潮流、到京都买和风
116 到日本看传统演艺
118 推荐旅游路线
129 应用日语

133 通信篇
在日本, 打电话、寄信,怎么办?

134 打电话
136 电话卡的购买及使用
138 邮寄
139 应用日语

141 应变篇
在日本, 发生紧急状况怎么办?

142 遇到紧急状况怎么办?
143 生病、受伤怎么办?
143 应用日语   144 救命小纸条
144 小街头大发现

开始在日本自助旅行

How to use
如何使用本书

这本《开始在日本自助旅行》是针对日本旅行而设计的实用旅游指导书。本书按照旅行流程安排篇章顺序，从出发前的行李打包、证件办理、知识阅读，到抵达机场的入出境手续，以及日本当地的饮食、住宿、通信、交通、紧急情况的应对等，全套日本旅行信息尽在书中。所有您在日本旅行可能遇到的困惑或问题，全都预先为您设想好，并给予适当的提示和解答。让您行走在日本，更能放宽心、自由自在地享受美好行程。

全书分成10个篇章

【认识日本】**日本是个什么样的国家？**告诉您日本的地理、气候、人口、语言、航程、时差、电压、汇率等信息。另外还特别安排了"拜访礼节"，让您既能顺利沟通又不失礼节。

【行前准备】**出发前，要预做哪些准备？**教您如何办理各种证件，还教您看天气来打包行李。

【机场篇】**抵达机场后，如何顺利入出境？**国内不少机场都有航班可直飞东京成田机场！分析机场入境出境手续，还有从成田、羽田、关西机场前往市区的交通介绍，让您从踏上日本的第一步就顺利开始！

【住宿篇】**在日本旅行，有哪些住宿选择？**介绍好用的网上订房网站及多样的住宿类型，从家庭旅馆、青年旅舍到五星级饭店都有，并图文解说住宿日本旅馆时该注意的礼节与相关事项。

【日本交通篇】**走遍日本，该乘什么交通工具？**在日本怎么搭车？面对错综复杂的火车、地铁、巴士、出租车，本书分为"日本交通篇"及"东京、大阪交通篇"，从买票、看站牌到找位子，全程手把手教学，不怕搭错车！

【东京、大阪交通篇】**游逛东京、大阪，怎样搭车转乘才能得心应手？**本篇详细为你解说如何在东京、大阪搭车，跟着书里的车站结构图，马上就能知道身处哪里、出口在哪里。

【饮食篇】**在日本怎么吃、怎么喝？**在日本吃什么好呢？食材讲究、价格高昂的高级料理店？或只卖固定几种饭菜的一般餐厅？抑或去火车站附近及百货公司找吃的！没吃过居酒屋和怀石就不算去过日本饮食大观园！另外还教您如何在日本省钱吃饭，并介绍很多销售有趣商品的便利商店。

【观光购物篇】**到日本，去哪里买什么？**该买什么纪念品好呢？到东京买潮流、到京都买和风。本书有大型百货公司及日本特有的风味商店介绍，还有便宜又实惠的百元商店推荐。另外特别介绍免税须知、退税等注意事项，让您购物不吃亏。日本哪里最好玩？介绍您一定要去的观光景点、一定要看的传统演艺，以及特色十足的法定假日和节庆等。

【通信篇】**在日本打电话、寄信怎么办？**从手机租借、利用公用电话打国际长途，到寄包裹、邮件，跟着键盘按123，就能跟电话这头的亲朋好友对话啦！

【应变篇】**出门在外，难免会遇到紧急状况，此时该怎么办？**搭车选择有"女乘客专用席"的列车，报案、挂失或问路，找警察局等，该如何处理、危机处理要用到的电话号码都详列其中，让您遇事不慌张，书上的急救小纸条让您玩得既安心又放心！

篇章 ①
以颜色区分各大篇章，方便读者知道现在正在阅读哪一篇

单元小目录 ②
每个篇章开始前，详列该篇包含的主题，让人一目了然

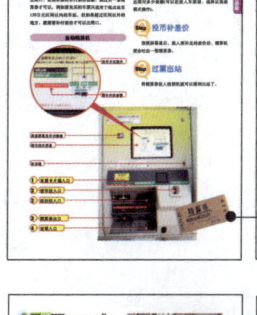

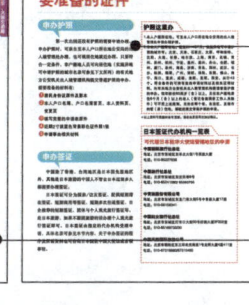

信息、秘诀小提醒 ③
证件要去哪里办，办证件或买车票有何小秘诀，作者一一列出

指示、机器操作说明 ④
各种需注意的指示，比如搭车搭机信息或买票机器的操作按钮插孔，都有详细的拉线说明

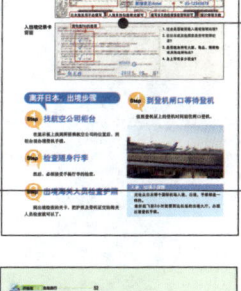

表格填写示范、票卡信息解析 ⑤
入境卡填写等均有实例供查看对照

文图步骤说明 ⑥
不管是搭飞机、入出境、或是网上购票，都有文图搭配说明，清楚明了

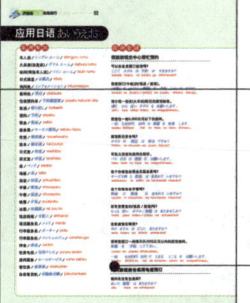

假日节庆重点整理 ⑦
哪个季节哪里好玩，作者重点整理，一一列表，方便读者安排行程

实用日语会话 ⑧
与场景相关的单词、会话一应俱全，日语、拼音对照，用手指也能"会话"

开始在日本
自助旅行

认识日本
About Japan

日本，是个什么样的国家？

认识日本，可以从其地理、环境、气候、人口、语言或风俗礼节去了解，但最深入浅出的研究，莫过于自己亲身到当地，身处其中，深切体会异国文化。

日本小档案	16
地理	16
气候	16
人口	17
语言	17
航程	17
时差	17
电压	17
汇率	17
拜访礼节	18
应用日语	19

日本小档案

日本小档案 01
地理 | 海岛国

日本是一个岛国，由4 000多个大小岛屿组成，总面积约377 873平方千米。其中4个主岛为北海道、本州、四国及九州，由上而下、东北至西南延伸至中国大陆及台湾地区。

日本的土地主要由火山爆发而形成，以火成岩为主，地壳极不稳定。这种情况除了带来每年近千次规模大小不同的地震之外，也造就了不少天然温泉及火山景观等重要观光资源，其中作为日本标志的富士山，终年游客络绎不绝。

图片提供／日本国家旅游局

关西地区及九州：属亚热带气候，与中国香港、台湾的气候差不多。6~8月是夏天，温度徘徊于20~30℃之间，多雨，期间更会有台风。冬天时，九州很少下雪，温度在5~15℃。

日本小档案 02
气候 | 冬季会下雪，夏季刮台风

日本国土南北狭长，横跨多个纬道，从北海道最北端的45度线到冲绳县南端的25度线，相差共20个纬度，四季分明，南北气候差异颇大。不同时节游日本，四季之景也不同，各具特色：春有樱花、夏有海滩、秋有红叶、冬有雪景。

北海道：冬长夏短，通常只有3~9月气温在10℃以上，其余月份皆在10℃以下。而冬天受到西伯利亚气候的影响，降雪量十分大；夏天则较为干爽，降雨量也不多。

本州：冬天时，本州等地区也会下雪，不过较北海道少，温度介于-2~13℃之间。

日本小档案 03
人口 | 沿海大城市超拥挤！

日本有1.26亿人口，也是人口比较多的国家。因为全国只有20%为平地，所以人口多半集中于沿海的大城市，仅首都东京就有约1 200万人口，密度非常高。日本人以大和民族为主，但北海道至今仍有少数民族——虾夷人居住，北海道有些地名没有汉字，只以片假名标音，就是源自虾夷语，如二世古(ipb，niseko)。

日本小档案 04
语言 | 手写汉字也通用！

日本的全国通用语言是日语，虽然日本人在上学时也都学过英语，但听、说方面的能力都较弱。幸好，日语借用了不少汉字，语言不通时，可写出汉字用"笔谈"。目前，很多城市的大型百货公司都特地为游客请来会讲中文的店员，甚至店内的广播或提示也已经开始使用中文了。

日本小档案 05
航程 | 飞大约3个小时

从北京出发到日本东京，飞机抵达的机场有成田机场及羽田机场，前者班次较多但距东京有2小时车程，而后者虽班次较少但前往市区只需30分钟左右。从北京前往这两个机场的航程同样约需3小时。

日本小档案 06
时差 | 比北京快1小时

北京与日本的时差为1小时，北京时间加上1小时即为东京时间。

换算举例：

北京时间	东京时间
09：00	10：00
12：00	13：00
19：00	20：00

日本小档案 07
电压 | 电压不同，需带变压器！

日本的电压为100伏特，中国大部分地区为220伏特，电压不同，插头也不一样，所以需要带变压器及转换插座！

日本小档案 08
汇率 | 约为1：17.76

1元人民币约等于17.76日元，出发前请先到银行或相关网站查阅最新的汇率，并换取日元。

中国银行外汇牌价表

http://www.boc.cn

认识日本

日本小档案 09
拜访礼节 | 谦虚有礼最重要

不少人从日本旅游回来介绍经验说，当日本人听到游客用英语问路时，会转身就走。其实，近年来日本积极推动国人学英语，日本人对游客的态度改变不少，很多人更会主动帮您或跟您聊天，只要在青年旅舍住上几天，就可见其中的改变，语言不通不再是什么交友障碍。

跟日本人交朋友，最要紧的是"礼"及"恩"。日本人对"失礼"这件事看得非常重，如果是刚认识的话，"谦虚有礼"是最好的交友桥梁，尽量避免问对方年龄或家里的事，不要直呼人家的名字，应称呼他（她）作××Sang（日文的先生或小姐）。

日本人也很重视"恩"，这种感谢恩惠的情操，让日本人一年之间送礼不断，每年至少有3次：新年、年中及年底，由此可见一斑。如果接受过人家的招待及帮助，回国后理应回信或致电感谢，若要到其家中作客，记得一定要带礼物。除探访之前应准备好礼物之外，在人家居室中及餐桌上也有要注意的礼节。

用餐礼节

饭后必说："ごちそうさまでした"（gochisou sama deshita）

很多日本电视剧里的演员，吃饭前都会讲"开动喽！"（いただきます，itadakimasu），其实在饭后也都会讲一句："我吃饱了，谢谢您的款待！"（gochisou sama deshita）。到日本人家中作客，这一句尤为重要。

生活礼节

进门前要脱鞋

到日本人家中时，需在玄关处把鞋子脱掉。除注意袜子有没有破洞之外，放置鞋子的位置也需留意，鞋子应并排摆放，鞋头朝向大门，鞋头方向弄错或乱放都是不礼貌的。

风俗礼节

吃自己的饭，别夹菜给人

日本人的吃饭模式与我们不同，他们并不适合餐制，即使是家常便饭，他们也会依用餐人数分成数份，每人一份。不要用自己的筷子给别人夹菜，因为在他们看来这一个动作跟火葬仪式中的行为一样，不祥。也不要将筷子插到饭碗里，因为给祖先吃的饭也是这样。

厕所礼节

卫生纸别乱丢

女厕所里的小垃圾桶是用来装女性生理用品的，卫生纸请直接丢进马桶冲掉。在日本人的观念里，把用过的卫生纸堆放在垃圾桶里是非常肮脏、不礼貌的事情！

问候礼节

问候鞠躬以示礼节

跟日本人见面时，在商务场合，他们都会很公式化地鞠躬，坐下来时也会鞠躬，但现在一般年轻人则较亲切、随便，只轻作点头或挥手的也有。

认识日本

应用日语 あいうえお

自我介绍

初次见面，请多多指教。(较公式化)
始めまして， どうぞ よろしく お願い します。
hajimemashite, douzo yoroshiku onegaii shimasu。

初次见面，您好。
始めまして。
hajimemashite。

很高兴跟您见面。
お 会い できて うれしい です。
o ai dekite ureshii desu。

我叫×××。
名前 は ××× です。
namae wa ××× desu。

我是从(北京)来的。
私 は (北京) から来ました。
watashi wa (Beijing) karakimashita。

可以知道您的名字吗?
お名前 を おうかがい できますか?
onamae wo oukagai dekimasuka?

我之前到过(京都／北海道)。
(京都／北海道) へ 行ってきました。
(kyouto / hokkaidou) he ittekimashita。

这是我首次来(日本／东京)。
(日本／東京) は 初めて です。
(nihon / toukyou) wa hajimete desu。

我20岁。
私 は 20歳 です。
watashi wa hatachi desu。

很高兴跟您谈话。
お話し できて 楽しかった です。
ohanashi dekite tanoshikatta desu。

拜访会话

谢谢您的邀请。
お 招きいただき ありがとう ございます。
o manekiitadaki arigatou gozaimasu。

很高兴见到您。
お 会い できて うれしい です。
o ai dekite ureshii desu。

真是一间很棒的房子啊！
素敵な 部屋 ですね！
sutekina heya desune！

这是第一次尝试吃。
初めて 食べます。
hajimete tabemasu。

看来很好吃的料理！
おいしそうな 料理 ですね！
oishisouna ryouri desune！

让我来帮忙清理吧。
後片付け を 手伝います。
atokatazuke wo tetsudaimasu。

这是送给您的礼物，是(北京)的糖果。
これは おみやげ です、(北京) の お菓子 です。
korewa omiyage desu, (Beijing) no okashi desu。

北京没有这种东西。
(北京) には ありません。
(Beijing) niwa arimasen。

如果来(北京)的话，请跟我联络。
(北京) に 来たら 連絡 してください。
(Beijing) ni kitara renraku shitekudasai。

今天真的非常感谢，我非常开心。
とても 楽しかった です、今日 は ありがとう ございます。
totemo tanoshikatta desu, kyou wa arigatou gozaimasu。

开始在日本自助旅行

行前准备
Preparation

出发前，要做哪些准备？

去日本旅行前，做的准备工作可不少。要检查护照、兑换日元、买JR Pass、打包行李、看当地天气预报、留意是否适逢特别节庆。当然，还要准备好旅游的心情哟！

要准备的证件	22
掌握假日节庆信息	25
兑换货币	28
打包行李	29

要准备的证件

申办护照

第一次出国还没有护照的需要申请办理。申办护照时，可亲自至本人户口所在地公安局的出入境管理处办理，也可视居住地就近办理。只要符合一定条件，非户籍地人员可向居住地（实施异地可申请护照的城市名录可参见下文所列）的有关地方公安机关出入境管理机构提交普通护照的申办。需要准备的材料有：

1. 居民身份证原件及影本
2. 本人户口名簿、户口名簿首页、本人资料页、变更页
3. 填写完整的申请表原件
4. 近期2寸淡蓝色背景彩色证件照1张
5. 申请事由相关材料

申办签证

中国除了香港、台湾地区是日本国免签地区外，其他赴日本旅游的中国人不管去日本逗留多久都需要办理签证。

日本签证可分为探亲/访友签证、配偶短期滞在签证、短期商用等签证、短期多次往返签证、日企推荐的短期签证、团体与个人观光旅行签证等。赴日本旅游，如果不跟团旅游的话办理个人观光旅行签证即可。日本签证由指定的代办机构受理申请，具体名录可参见本节内容。关于申办签证的程序及所需资料也可咨询日本国驻中国大使馆或者领事馆。

护照这里办

1. 本人户籍所在地。可至本人户口所在地公安局的出入境管理处申请办理护照。
2. 非本人户籍所在地。截至2014年7月，实施异地可申请护照的城市有：北京、天津、石家庄、太原、呼和浩特、沈阳、大连、长春、哈尔滨、上海、南京、无锡、常州、苏州、杭州、宁波、温州、嘉兴、舟山、合肥、福州、厦门、泉州、南昌、济南、青岛、郑州、武汉、长沙、株洲、湘潭、广州、深圳、珠海、东莞、佛山、南宁、海口、重庆、成都、贵阳、昆明、西安，共计43个。符合条件的可持有效的申请材料以及相关证明材料，向有关地方公安机关出入境管理机构提请普通护照的申办。但年龄在60周岁（含）以上，且在非户籍地居住6个月（含）以上的老人（登记备案国家工作人员除外）可不受上述限制，无论在哪个省、自治区、直辖市的暂（居）住地，都就近提交普通护照的申请。

＊以上资料可能随时会有更新，请在出发前再次加以确认。

日本签证代办机构一览表

可代理日本驻华大使馆管辖地区的申请

中国国际旅行社总社
地址：北京市东城区东单北大街1号国旅大厦
电话：010-85227638

中国旅行社总社
地址：北京市东城区东交民巷8号
电话：010-65241590/ 65593755

中青旅股份有限公司
地址：北京市东城区东直门南大街5号中青旅大厦17层
电话：010-58158241

中国妇女旅行社总社
地址：北京市东城区灯市口大街50号好润大厦2F202室
电话：010-85169732/30

中国天鹅国际旅游公司
地址：北京市朝阳区东三环农光南里1号龙辉大厦4层411室
电话：010-67319980/67310480

北京市中国旅行社有限公司
地址：北京市朝阳区朝外街道朝阳门南大街18号214室
电话：010-64260008/64260396

中国和平国际旅游有限责任公司 国际交流中心
地址：北京市朝阳区东土城路13号金孔雀大厦922室
电话：010-64480030

中信旅游集团有限公司
地址：北京市朝阳区建外大街19号国际大厦2号楼7层
电话：010-85263716/85263721

北京外企晨光劳务服务有限责任公司（FESCO）
地址：北京市朝阳区西大望路15号外企大厦B座7层702室
电话：010-67771060/1061

中国教育部留学服务中心
地址：北京市海淀区北四环西路56号辉煌时代大厦6层
电话：010-62677654

北京市人民政府外事办公室出入境人员服务中心
地址：北京市东城区青龙胡同1号歌华大厦A座2层（本部）
电话：010-84187614
地址：北京市朝阳区亮马桥路39号第一上海中心2层C200室（分部）
电话：010-84534905 010-64106736

中国对外友好合作服务中心
地址：北京市东城区台基厂大街1号
电话：010-65597442/65597443

北京神舟方舟国际会议展览有限公司
地址：北京市朝阳区建国门外大街28号（北京旅游大厦6F606室）
电话：010-65158500/85157351

北京二十一世纪国际旅行社
地址：北京市朝阳区亮马桥路40号
电话：010-64624633/64669229

中国交远国际经济技术合作公司
地址：北京市东城区朝内大街223号621室
电话：010-65225561/63/81

交通公社新纪元国际旅行社有限公司
地址：北京市朝阳区光华路4号梅地亚中心C座2105室

电话：4006101012

北京凯撒国际旅行社有限责任公司
地址：北京市朝阳区金桐西路10号远洋光华国际AB座11-12层
电话：010-65983649 400-6066666

北京麒麟旅行社有限公司
地址：北京市东城区东直门南大街9号华普花园B座1201室
电话：010-84098107/84094077

北京翔升国际商务旅行社有限公司
地址：北京市东城区东直门外大街46号天恒大厦B座9层901~905室
电话：010-51203400/51203377

仅限代理天津地区的申请
天津市对外服务公司
地址：天津市河西区友谊北路广银大厦2层
电话：022-58785377/58785376

天津市外国企业专家服务有限公司
地址：天津市河西区友谊北路51号合众大厦C座6层
电话：022-6032 6546/6032 6631

仅限代理陕西地区的申请
陕西省国际交流中心
地址：陕西省西安市解放路282号
电话：029-82496867/87452126/88149388

西安市国际交流服务中心
地址：陕西省西安市长安北路91号富城大厦1103室
电话：029-87883943/87803861

河北省外事服务中心（仅限代理河北地区的申请）
地址：河北省石家庄市师范街81号明月办公楼B座108室（省政府对面）
电话：0311-87807327/87807323

河南省外事侨务服务中心（仅限代理河南地区的申请）
地址：河南省郑州市金水路15号
电话：0371-65688864/65688786

仅限代理湖北地区的申请
湖北省对外友好服务中心
地址：湖北省武汉市武昌区八一路三号
电话：027-87839475

武汉市国际交流服务中心
地址： 武汉市汉口中山大道1166号金源世界中心B座5楼
电话： 027-82847467

青海省外事服务中心（仅限代理青海地区的申请）
地址： 青海省西宁市解放路14号
电话： 0971-8244738

湖南省出国人员服务中心（仅限代理湖南地区的申请）
地址： 湖南省长沙市韶山北路12号湘汇大厦3楼办证大厅
电话： 0731-82219462

山西省外事侨务服务中心（仅限代理山西地区的申请）
地址： 山西省太原市迎泽大街388号
电话： 0351-4052235/4037899

内蒙古自治区对外友好交流中心（仅限代理内蒙古自治区的申请）
地址： 内蒙古自治区呼和浩特市新华大街63号院1号楼401室
电话： 0471-6946595/6946082

甘肃省外事服务中心（仅限代理甘肃地区的申请）
地址： 甘肃省兰州市城关区南昌路805号
电话： 0931-8725972/8720811

* 以上资料可能随时会有更新，请在出发前再次加以确认。

日本签证这里办

日本国驻华大使馆本馆
地址： 北京市朝阳区亮马桥东街1号
电话： 010-85319800
网址： www.cn.emb-japan.go.jp
受理时间： 周一～周五 9:00～11:30、13:00～16:30
辖区： 北京市、天津市、陕西省、山西省、甘肃省、河南省、河北省、湖北省、湖南省、青海省、新疆维吾尔自治区、宁夏回族自治区、西藏自治区、内蒙古自治区

日本国驻上海总领事馆
地址： 中国上海万山路8号
电话： 021-52574768（签证专线）
网址： www.shanghai.cn.emb-japan.go.jp
受理时间： 9:00～12:30、13:30～17:30
辖区： 上海市、安徽省、浙江省、江苏省、江西省

日本国驻广州总领事馆
地址： 广州市环市东路368号花园大厦
电话： 020-83343090（领事、签证）
网址： www.guangzhou.cn.emb-japan.go.jp
受理时间： 8:45～12:00、13:45～15:00（周六、日，休息日除外）
辖区： 广东省、海南省、福建省、广西壮族自治区

日本国驻沈阳总领事馆
地址： 沈阳市和平区十四纬路50号
电话： 024-23227490
网址： www.shenyang.cn.emb-japan.go.jp
受理时间： 9:00～12:00、13:30～16:00（周六、日，休息日除外）
辖区： 辽宁省（除大连市）、吉林省、黑龙江省

日本国驻沈阳总领事馆常驻大连领事办公室
地址： 辽宁省大连市西岗区中山路147号森茂大厦3楼
电话： 0411-83704077
网址： www.dalian.cn.emb-japan.go.jp
辖区： 大连市

日本国驻重庆总领事馆
地址： 重庆市渝中区邹容路68号大都会商厦37楼
电话： 023-63733585
网址： www.chongqing.cn.emb-japan.go.jp
受理时间： 周一～周五签证申请8:45～12:00、签证签发14:00～16:45
辖区： 重庆市、四川省、贵州省、云南省

日本国驻青岛总领事馆
地址： 青岛市香港中路59号青岛国际金融中心45F
电话： 0532-80900001
网址： www.qingdao.cn.emb-japan.go.jp
受理时间： 周一～周五签证申请9:00～11:00、签证签发13:30～16:00
辖区： 山东省

日本国驻香港总领事馆
地址： 香港中环康乐广场8号交易广场第一座46~47楼
电话： 0852-25221184
网址： www.hk.emb-japan.go.jp
受理时间： 周一～周五9:15～12:00、13:30～16:45
辖区： 香港特别行政区、澳门特别行政区

* 以上资料可能随时会有更新，请在出发前再次加以确认。

掌握假日节庆信息

日本除了有14天的法定假日以外，不同月份、时节也都有一些传统风俗的节庆，如新年、节气、女儿节等。而日本各县市在一年四季里，又会举行不少展现地方浓厚文化色彩的特色庆典，如"雪国"北海道首府札幌的雪祭；日本历史古都京都、奈良及镰仓，重现昔日封建制度下君臣参拜仪式的庆典；受外来西方文化影响的九州对外港口多，其庆典则较像外国的嘉年华会。

旅游信息看这里

日本国家旅游局
网址：www.jnto.go.jp
从日本文化的介绍、日本最新旅游信息的提供，乃至节祭庆典、赏花信息都巨细靡遗，无论是旅日老手还是菜鸟，出发前最好到这里来看一下。

日本法定假日

日期	节日	内容
1月1日	元旦(新年)	跟欧美国家一样，日本的新年庆祝在1月1日，庆祝活动主要在第一周。
1月的第二个周一	成人之日	在过去一年满20岁的女孩，都会穿着和服到神社参拜或出席庆祝活动。
2月11日	日本建国纪念日	传说第一代天皇(神武天皇)在这天于奈良县(古时的大和)建都，日本政府会举办一些提倡爱国精神的活动让市民参加。
3月20日或21日 (每年不一定)	春分之日	日本人会在这天扫墓，举行佛教仪式，祭祀祖先。
4月29日	绿之日	原为昭和天皇诞生日，他过世后依然保留此假期，不过假日主题改为昭和天皇同样关心的环保问题，当天会举行植树或推广环保主题的活动。
5月3日	宪法纪念日	是一连3天的连续假期，纪念1947年废除"明治宪法"，推行新政。
5月5日	儿童之日	有男孩的家庭会高挂鲤鱼旗，祈望孩子有鲤鱼般逆流而上的志向。
7月的第三个周一	海之日	是宣扬保护海洋环境的节日，不少人会到沙滩、海水浴场游泳。
9月的第三个周一	敬老之日	1966年制定的节日，地方机构会举行各种敬老庆祝活动，祝愿长者耆英们长寿健康。
9月22日或23日或24日(每年不一定)	秋分之日	与春分之日一样是扫墓的日子。
10月的第二个周一	体育之日	为纪念1964年亚洲首次举办东京奥运会而定。
11月3日	文化之日	原为明治天皇的诞辰日，明治天皇对于日本近代发展及日本文化影响巨大，至今各地政府仍会举办多项文化活动，提倡热爱自由与和平的精神。
11月23日	劳动感谢之日	是一个对劳动者表示感谢的节日，即使是家庭之中，子女也会为感谢爸妈的劳苦而举行庆祝活动。
12月23日	日本天皇诞生日	是现今日本天皇的诞生日，当日市民会到皇宫外苑向天皇祝贺。

表格整理／魏国安

时节习俗

日期	时节	庆祝内容
1月1～3日	元旦(新年)	新年第一个早上会跟家人饮酒、吃年糕、读贺年卡,互相道贺一番,又会到家附近的神社等寺院祈福参拜。
2月2日或3日	节分	这天就是冬天结束,踏入春天的日子,人们会在家里边撒上熟黄豆,边念"鬼在外,福在内",喻义"赶走恶运,招来幸运"。
3月3日	雏祭	即"女儿节",少女们会穿着和服喝白酒、吃甜点,家里也会摆设制作精细别致的数层人偶,喻义"家中女儿长大后能像公主般美丽"。
3月、4月	花季	是赏樱花的好时节,人们会到大型公园内,坐在草地上喝酒、野餐、赏樱,例如,东京最著名的赏樱场所为新宿御院及上野公园。
7月7日	七夕	为纪念牛郎织女爱情典故而设的节日。人们会于门前挂上写有短歌诗词的竹竿,祈求两人再度重逢。
7月13～16日	盂兰节	佛寺都会举行盂兰盛会,各地亦有特色舞蹈(盆踊)表演,人们也会于这天扫墓。
农历8月15日	月见	就是我们的中秋节,人们会与家人共同赏月。
11月15日	七五三节	年满7岁的女孩、5岁的男孩及3岁的男孩或女孩,会于当天着盛装跟父母一同到神社参拜,酬谢神明保佑子女成长,以及祈求子女日后能健康快乐。
12月31日	大晦日(除夕夜)	人们会吃一碗荞麦面,守岁至新年的来临,寺院也会敲钟108次,喻"送旧迎新"之意。

表格整理／魏国安

6个对您有帮助的旅游咨询中心

日本国家旅游局日本办事处
网址: www.jnto.go.jp
地址: 东京都千代田区丸之内3-3-1新东京大厦1楼
电话: 03-3201-3331
时间: 09:00～17:00(1/1休馆)

新东京国际(成田)机场服务站第一旅客候机大楼
地址: 第一旅客候机大楼抵达层
电话: 0476-30-3383
时间: 08:00～20:00(全年无休)

新东京国际(成田)机场服务站第二旅客候机大楼
地址: 第二旅客候机大楼抵达层
电话: 0476-34-5877
时间: 08:00～20:00(全年无休)

关西观光服务中心(关西国际机场)
地址: 关西国际机场抵达层
电话: 072-456-6025
时间: 09:00～21:00(全年无休)

东京观光信息中心
网址: www.tourism.metro.tokyo.jp
地址: 东京都新宿区西新宿2-8-1东京都厅第一本厅舍1楼
电话: 03-5321-3077
时间: 09:30～18:30(全年无休)

东京观光信息中心羽田机场支所
地址: 羽田机场国际线航站楼2楼
电话: 03-6428-0653
时间: 09:00～23:00(全年无休)

节庆祭典

日期	祭典	内容	地区
2月的第一个周日	札幌雪祭	有建筑物、楼高数层的大型卡通造型雪雕展出。为期5天。	札幌大通公园
4月14或15日	高山祭	东海、北陆地区著名节庆,有装饰华丽的祭坛车队游行。	高山市日枝神社
5月3日或4日	博多Dontaku节	"Dontaku"原为荷兰语,意为"星期日"或"庆典",有数万名打扮成特别造型的市民载歌载舞地游行。	九州博多市
5月15日	葵祭	仿效"王朝绘卷"中,豪华壮丽的古代皇室前往神社参拜的仪式。	京都上茂贺、下茂贺神社
5月第三个周六、周日	三社祭	青少年肩抬小型神坛多达百余个,从浅草神社出发,游行于浅草区44个町直到深夜,吸引大量人潮围观。	东京浅草神社
5月中旬	神田祭	神田祭跟大阪天神祭、京都祇园祭并列为日本三大祭,为庆祝德川家康战胜而设的祭典,神田祭在有1200年历史的神田神社举行,约有200台大型神坛游行于神田、秋叶原及日本桥一带,场面浩大。	东京神田
7月16~17日	祇园祭	已有1100年历史的节庆,有一大队装备华丽或城楼造型的大神坛"鉾"在京都市街游行。	京都八坂神社
7月24~25日	天神祭	日本三大祭之一,除花火汇演之外,还有近百艘游船的队伍游行。	大阪天满宫神社
8月2~7日	佞武多祭	东北地方著名节庆,数十人抬着一高约30米的人形大灯笼在大道上游行。	东北青森市、弘前市
8月5~7日	竿灯祭	青年肩上扛着有48个灯笼的大型竹架游行于市街。	东北秋田市
8月6~8日	七夕节	始自仙台藩镇伊达政宗时代,家家户户于门前挂写有愿望的彩色灯笼及彩条祈愿。	宫城县仙台市
8月12~15日	阿波舞	闻名日本全国的传统地方热闹舞蹈。	四国德岛市
8月16日	大文字烧	晚上在大文字山之中,点燃一个"大"字形的祝火,在京都市内也清晰可见。	京都
9月16日	流镝马	表演者穿着传统武士服饰,重现12世纪镰仓时代的驾射比赛。	镰仓市 鹤冈八幡宫神社
10月22日	时代祭	表演者穿着从平安时代至明治时代的服饰游行,从传统大和乃至西洋服装都有。	京都平安神社
11月3日	诸侯行列	再现封建时代,诸侯往来封国与江户之间进贡的盛大游行队伍。	箱根

表格整理/魏国安

旅游季节小提醒

避开日本旅游旺季,订票、游玩更顺利

如果事先知道日本国内的旅游旺季,那么在行程规划、预订酒店和车票等事宜上都可以做得更好,行程更为顺利。2月5日~2月20日:东京大学生入学考试。4月28日~5月5日:日本国内旅游旺季。8月10日~8月18日:各地举行盛大夏日祭典。12月25日~1月10日:圣诞及新年活动。

兑换货币

在国内先换好日元再出发

在日本消费,除了使用信用卡外,所需的日币现钞最好尽可能在国内兑换好。1元人民币约等于17.76日元,出发前宜先到银行或上网查阅最近的汇率,并换取日元。即便人民币在日本当地某些外钞汇兑处,也可以兑换成日元,但还是建议于出发前备妥足够现金以备不时之需。

银行卡不能少

出于安全起见,建议尽量不要随身携带大量现金。除了信用卡,最好再预备一两张国际借记卡,迫不得已、急需现金的情况下可以进行跨国提款,不过这时银行会收取一定的手续费,具体情况不妨咨询一下发卡行。

信用卡不一定能行遍日本

东京虽是个现代化程度很高的都市,但并不表示您可以用一张Visa或Master Card行遍东京,可以买一张Suica卡或Pasmo卡(p.88)走遍东京,如同北京的一卡通。

硬币使用小提醒

自动售货机最少要投10日元硬币

自动售货机的最低使用货币是10日元硬币,5日元和1日元硬币适用于外加税金所多出的零头(有些售货机不接受中间有孔的硬币,如50日元、5日元,投币前可先留意机器上有无特别标示)。

认识日本的货币

日币纸钞分别有10 000日元、5 000日元、2 000日元、1 000日元4种。硬币则有500日元、100日元、50日元、10日元、5日元和1日元6种。

10 000日元(明治维新时期思想家福泽谕吉)

5 000日元(明治时期女文学家樋口一叶)

2 000日元(冲绳首里城的守礼之门)

1 000日元(日本黄热病医学专家野口英世)

500日元　100日元　50日元

10日元

5日元

1日元

打包行李

打包行李，可别超重了

每家航空公司对行李的规定都不一样，可以在打包行李前先上网或致电各家航空公司，询问最新的规定。所以出国前和回国前，打包行李时要多加注意，否则凡是行李超出件数、尺寸及重量都会额外收费，而且费用不低！

建议先上网看天气预报

可以在出发前上日本气象厅官方网站，查看未来一周日本全国各地的天气预报，以便在打包行李时带上适当的衣物，或者依据天气预报，调整行程，让旅程更为完美。另外，该网站也会在春秋两季特别提供樱花及红叶的信息。

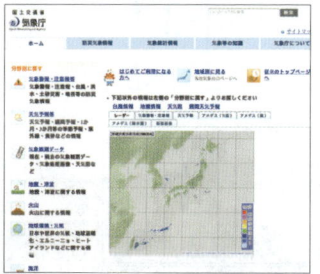

日本气象厅网站
www.jma.go.jp

行李提不动，寄送更轻松

- 去程：可以在抵达日本机场时，将行李配送至指定地点或住宿的饭店，机场都设有"宅急便"的服务柜台。若是过境停留，也可以将用不到的行李存放在机场，等回程搭机时再领回，行李存放以日计费。
- 回程：可以在日本全国的邮寄运送公司柜台、邮局、饭店、百货公司或商店，使用运送服务将行李寄送至指定机场的航站楼。各运送公司收费及服务范围不同，寄送前可询问清楚，切记要提前寄送，以免搭机回家时，行李仍未送达。

行李寄送找这里

看天气，带衣服！

■酷寒 ■冷 ■凉 ■热

	春季(4~6月)		夏季(7~9月)		秋季(10~12月)		冬季(1~3月)	
	温度	降雨量	温度	降雨量	温度	降雨量	温度	降雨量
札幌	6.1	123.5	22.2	194.0	11.6	24.5	-3.1	131.5
仙台	10.0	178.5	24.3	248.5	15.5	88.0	3.6	44.5
东京	14.5	151.5	27.7	373.5	18.8	142.5	7.6	66.5
名古屋	13.8	150.0	28.0	74.5	18.9	135.0	6.1	56.5
大阪	14.6	77.5	28.7	42.5	19.7	126.5	7.0	52.0
福冈	15.1	82.5	28.2	149.5	19.7	86.5	7.7	71.0
那霸	20.7	394.0	28.0	367.5	26.2	95.0	17.9	87.0

*以上信息时有变动，出发前请再次确认(表格中为各季节平均温度及降雨量)。

开始在日本
自助旅行

东京成田机场第一航站楼入境楼层

机场篇
Airport

抵达机场后，如何顺利入出境？

搭飞机到日本，东京的成田机场、羽田机场以及大阪的关西国际机场，都是一般游客较多使用的机场。三个机场与城市都有完善的铁路，或是机场巴士连接，前往市区简单又方便。

如何入出境日本	32
抵达日本，入境步骤	32
离开日本，出境步骤	33
认识东京成田机场	34
成田机场内您可以使用的服务	34
如何从成田机场到东京市区	36
认识东京羽田机场	39
如何从羽田机场到东京市区	40
认识大阪关西机场	41
如何从关西机场到各市区	41
应用日语	43

如何入出境日本

所有年满16岁、在日短期逗留的外籍旅客,入境日本时,必须于入境检查时,依海关人员指示,按两手食指指纹并照相。相关规定若有变动,以当地政府最新公布为准。

抵达日本,入境步骤

 入境检查

先在飞机上填好"外国人入出境记录卡""海关申报书",然后在入境检查的关卡将"外国人入出境记录卡"连同护照一起交给海关人员检查。

 **领取行李**

通关后,可在显示板上找到所搭乘航班的行李领取处。

 海关检查行李

将"海关申报书"连同护照一起交给海关人员检查,通过入境海关行李检查后就可以入境了。

海关申报书填写范例

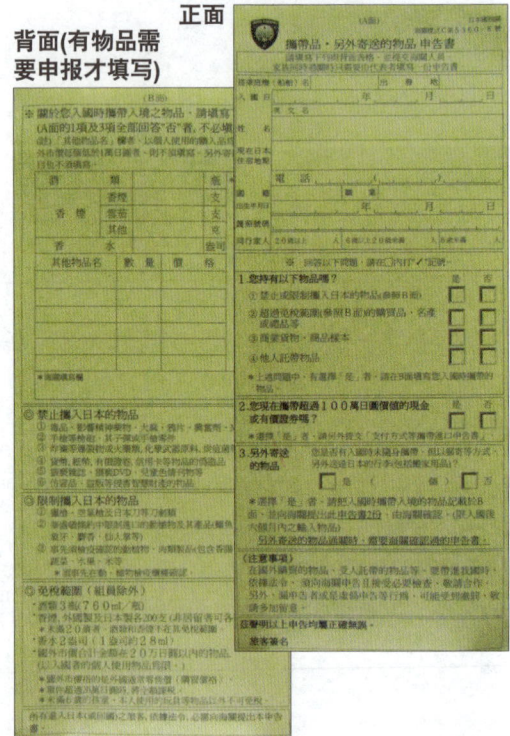

背面(有物品需要申报才填写) / 正面

入境步骤

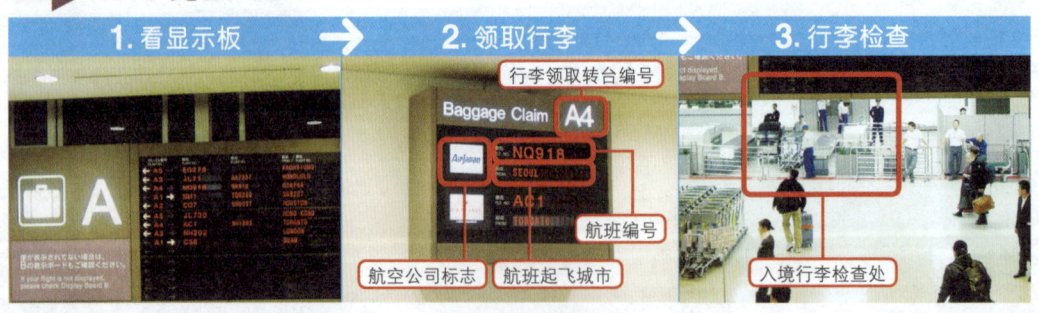

1. 看显示板 → 2. 领取行李 → 3. 行李检查

(行李领取转台编号 / 航空公司标志 / 航班起飞城市 / 航班编号 / 入境行李检查处)

入出境记录卡填写范例

入出境记录卡正面

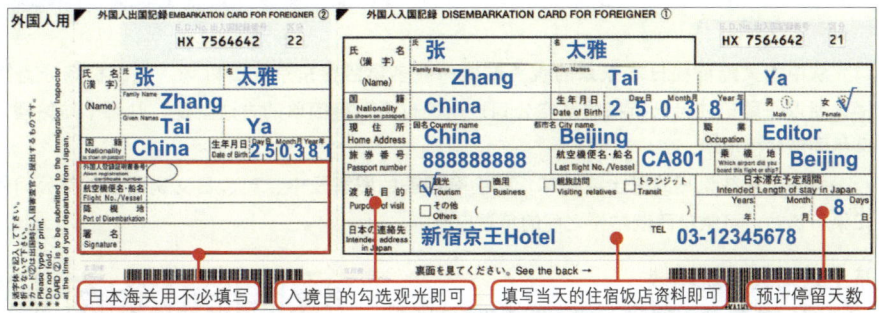

入出境记录卡背面

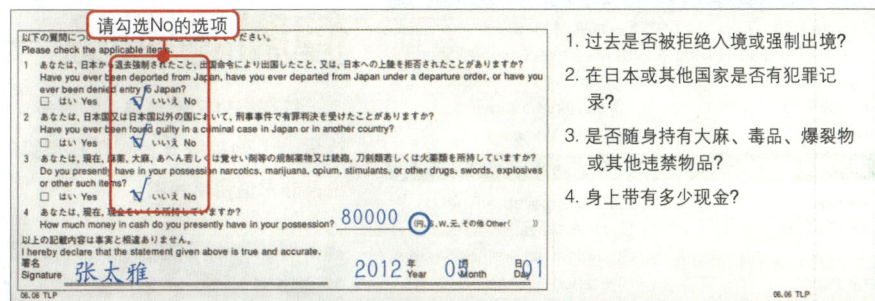

离开日本，出境步骤

 找航空公司柜台

在显示板上找到所搭乘航空公司的位置后，到柜台前办理登机手续。

 检查随身行李

然后，必须接受手提行李的检查。

 出境海关人员检查护照

到出境检查的关卡，把护照及登机证交给海关人员检查就可以了。

 到登机闸口等待登机

依照登机证上的登机时间前往闸口登机。

入境、出境小提醒

- 无论从日本哪个国际机场入境、出境，手续都是一样的。
- 最好起飞前2小时就要到达机场的出境大厅，办理出境登机手续。

认识东京成田机场

http: www.narita-airport.jp

从中国大陆前往日本东京的直飞航班一般多停留在东京成田机场。成田机场分为第一及第二航站楼，所以，要记住自己所搭乘航空公司进出的位置。最简单的方法就是，从哪个航站楼入境，回程时也是相同航站楼出境。

另外，开往机场的巴士或电车，都会有明确的图解及中、英、日文说明各航空公司的出境航站楼。如果下错站，可乘坐两航站楼之间的免费巴士。

航空公司起降航站楼

第一航站楼北翼
Aeromexico	Delta Air Lines
Aeroflot Russian Airlines	KLM - Royal Dutch Airlines
Air France	Korean Air
Aircalin	Virgin Atlantic Airways
Alitalia	Vietnam Airlines

第一航站楼南翼
Air Busan	MIAT Mongolian Airlines
Air Canada	Qatar Airways
Air China	Scandinavian Airlines System
Air Japan	Shenzhen Airlines
Air New Zealand	Singapore Airlines
All Nippon Airways	South African Airways
Asiana Airlines	Swiss International Air Lines
Austrian Airlines	TAM Airlines
Egypt Air	Thai Airways International
Etihad Airways	Turkish Airlines
Eva Air	United Airlines
IBEX Airlines	US Airways
Jet Airways	Uzbekistan Airways
Lufthansa German Airlines	Vladivostok Air

第二航站楼
Air India	Finnair
AIR MACAU	HongKong Airlines
Air Niugini	Iran Air
Air Tahiti Nui	Japan Airlines
American Airlines	Jetstar Airways
British Airways	Malaysia Airlines
Cathay Pacific Airways	Pakistan International Airlines
China Airlines	Philippine Airlines
China Eastern Airlines	Qantas Airways
China Southern Airlines	Skymark Airlines
Eastar Jet	SriLankan Airlines
Emirates	

＊以上资料时有变动，出发前请再次确认。

成田机场内您可以使用的服务

机场提供了许多贴心的服务，如沐浴、休憩、饮食、上网等服务，对精打细算的自助旅行者来说，非常值得享用哟！

购物、饮食

可以在第一航站楼的中央大楼4、5楼，或是第二航站楼的本馆4楼再选购礼品。商品种类繁多，有民俗工艺品、各式点心特产、书籍杂志、首饰、服饰、药品、玩具、电器用品及相机等。通关之后，还可以在免税店内购买各项名贵礼品，包括皮革用品、外国酒、香烟、化妆品等。餐厅主要集中在第一航站楼的中央大楼4、5楼以及第二航站楼的本馆4楼，有各种不同的日本料理以及世界风味美食。

国际互联网服务

可以在成田机场第1候机楼和第2候机楼的出发层和抵达层大厅、出境手续后的区域，免费使用无线上网服务。机场内有数个电脑桌角，备有电源插座及照明灯，只要带着自己的电脑到这里来就可以上网（地点见下图）。

机场内也设有不少投币式上网站，电脑台数有2～10台不等。服务时间为06:00～23:00，费用为每10分钟100日元。另外，第二航站楼3楼出发层办理出境手续后的地方，有一家Internet Café设有电脑，不过得喝咖啡才可上网。

成田机场电脑桌角位置

第一航站楼	第二航站楼
出发层4楼（一般区域）	主楼3楼（一般区域、出境手续后的区域）
出发层3楼（出境手续后的区域）	主楼2楼（出境手续后的区域）
第二卫星岛2楼（出境手续后的区域、限制区域）	卫星岛3楼（出境手续后的区域）
抵达层1楼（一般区域）	

兑换货币

第一航站楼
位置： 南北翼的4楼出发层有6家兑换所，1楼抵达层有4家兑换所
时间： 07:00～22:00

第二航站楼
位置： 本馆的3楼出发层有5家兑换所，1楼抵达层有4家兑换所
时间： 07:00～22:00

手机租借

Telecom Square

可租借的电话有"可收发国际电话"及"只收发国内电话"两种，可以看有没有需要在日本拨打国际电话来选择不同的收费模式。租借电话服务，游客可于出发前，到手机公司网站先预约，入境后直接到Telecom Square的柜台办理即可，租机及还机都在同一个柜台。手机租借费用因不同型号及用途而不同，详情请参考其网站。

位置： 东京羽田机场国际线大楼3楼出发层
东京成田机场第一航站楼1楼抵达层及4楼出发层
东京成田机场第二航站楼1楼抵达层及3楼出发层
大阪关西机场1楼抵达层及4楼出发层
时间： 07:30～21:00
电话： 03-3239-2333
网址： www.telecomsquare.co.jp

SoftBank

SoftBank除了提供手机租借服务以外，还有Sim卡的租借服务。游客只需带一部3G手机，就可以只租借Sim卡，省下每天的租机费用，不过通话费用较高，如果不需常常打电话的话，是个不错的选择，因为接电话是不收费的，详情请参考其网站。

位置： 东京羽田机场国际线大楼3楼出发层
东京成田机场第一航站楼1楼抵达层及4楼出发层
东京成田机场第二航站楼B1抵达层及4楼出发层
大阪关西机场1楼抵达层及4楼出发层
时间： 大部分分店是07:00～21:00
电话： 0476-30-1300
网址： www.softbank-rental.jp/cn

当日汇率看这里

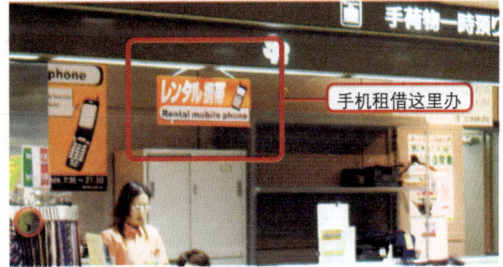

手机租借这里办

如何从成田机场到东京市区

＊以下资料时有变动，出发前请再次确认。

从成田机场到东京市内的交通工具相当方便，除了巴士、出租车之外，也可以选择搭乘JR火车及京成铁路。各项交通费用都还算合理，只有出租车价格惊人，如需打车，建议和别人拼车更划算。

搭火车

连接东京市内与成田机场之间的铁路公司有两家：日本国铁(JR)及京成铁路。JR及京成铁路各有两班列车前往成田机场。如果选择在抵达当天使用JR Pass的话，还可以省下一笔交通费用。

成田机场境内共有两个车站，分别是"空港第二ビル驭"（机场第二航站楼）及"成田空港驭"（机场第一航站楼）。

搭乘这些火车可到市区

日本国铁　www.jreast.co.jp/nex/index.html

成田Express（成田エクスプレス）／每小时约2班

出发站→目的地	搭乘时间	票价
成田机场→东京	1小时	2 940日元
成田机场→品川	1小时10分	3 110日元
成田机场→涉谷	1小时15分	3 110日元
成田机场→新宿	1小时20分	3 110日元
成田机场→池袋	1小时25分	3 110日元
成田机场→大宫	1小时50分	3 740日元
成田机场→横滨	1小时30分	4 180日元
成田机场→大船	1小时50分	4 500日元

快速Airport成田（快速エアポート成田）／每小时1班

出发站→目的地	搭乘时间	票价
成田机场→东京	1小时20分	1 280日元
成田机场→品川	1小时30分	1 450日元
成田机场→横滨	1小时50分	1 890日元
成田机场→大船	2小时10分	2 210日元

京成铁路　www.keisei.co.jp

Skyliner列车（スカイライナー）／每40分钟1班

出发站→目的地	搭乘时间	票价
成田机场→日暮里	36分	2 400日元
成田机场→京成上野站	41分	2 400日元

Cityliner列车（シティライナー）／每1小时1班

出发站→目的地	搭乘时间	票价
成田机场→日暮里	55分	1 920日元
成田机场→京成上野站	1小时	1 920日元

特急、急行列车／每20分钟1班

出发站→目的地	搭乘时间	票价
成田机场→京成上野站	1小时15分	1 000日元

机场往市区交通路线图

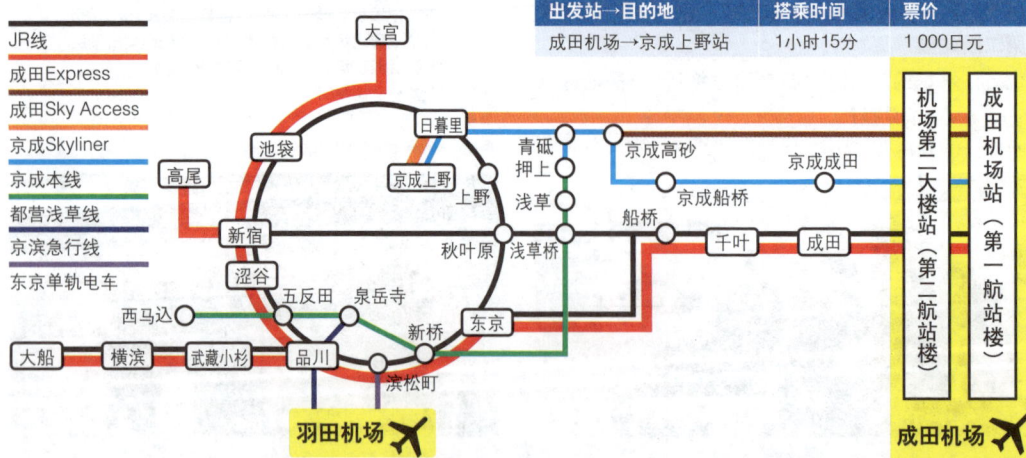

搭火车往东京市区步骤

Step 1 看屏幕，选班次

通过海关抵达机场大厅后，可以在大屏幕上看到日本国铁(JR)或京成线铁路的各种列车班次。

Step 2 选择搭乘车种排队买票

确认过最近的发车时间后，就可以到售票处排队买票。在红色JR处可买一般列车的车票或成田Express快速列车的车票。蓝色京成线售票处卖Skyliner特急车票及京成线普通车票。

Step 3 依照标示前往站台

买到车票后，根据搭乘站台路标前行。沿路牌指示到下一层，准备乘火车到市区。

Step 4 走正确入口至站台搭车

绿色的是日本国铁JR的检票口。蓝色的是京成线的检票口。

京成线检票口

搭火车小提醒

如果搭京成线Skyliner

要留意其特急列车Skyliner跟一般普通列车的站台是不一样的，在检票口入闸前宜留意地上的标示。

站台标示看这里：右侧是普通列车，左侧是特急Skyliner列车

可利用自动售票机买票

如果之前没有买票的话，两线检票口前的自动售票机也可以买票。

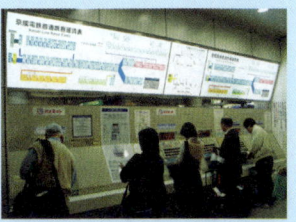

如果决定在抵达当天就开始使用JR Pass

可以在B1的日本国铁游客服务中心先用英语填写换领表格，再换领JR Pass，就可以开始订票了(有关使用及换领JR Pass的方法，请参照p.58~59)。

JR标示看这里

Steps 搭火车往东京市区步骤

1. 找班次 → 2. 买票 → 3. 前往站台 → 4. 检票候车

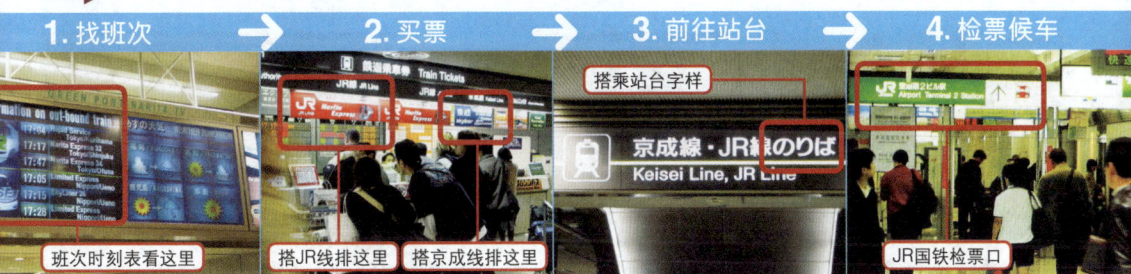

班次时刻表看这里 | 搭JR线排这里 搭京成线排这里 | 搭乘站台字样 京成線・JR線のりば Keisei Line, JR Line | JR国铁检票口

搭巴士

巴士主要行驶于机场与东京市内各车站，如东京火车站八重洲南口、浅草站、新木场站、新宿西口、各大饭店之间。巴士站位置与班次各异，详情可参阅机场第一、第二航站楼的抵达大厅地图，也可以在到达机场时到机场巴士售票处查询。至于要查询已预订的饭店及其免费巴士接送服务，可到饭店预约查询柜台询问。

第一航站楼1楼抵达层

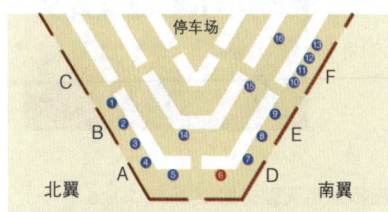

第二航站楼1楼抵达层

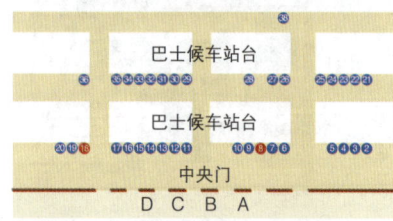

● 来往第一、第二航站楼之间的免费巴士搭乘处

前往东京市区的巴士路线

利木津巴士网站
www.limousinebus.co.jp

出发饭店	目的地	所需时间	车次	费用
皇宫饭店、帝国饭店、第一饭店东京、银座东急饭店、银座东武饭店、银座第一饭店	银座	约80分钟	1.10 / 7.17	3,000日元
新大谷酒店、赤坂王子大饭店、赤坂东急饭店、东急凯彼德大酒店、东京全日空饭店	赤坂	约85分钟	2.11 / 6.16	3,000日元
大都会大饭店、太阳城王子饭店、四季饭店	池袋	约85分钟	1.10 / 7.17	3,000日元
世纪凯悦饭店、京王广场大饭店、新宿希尔顿大酒店、新宿华盛顿饭店、东京柏悦酒店、小田急新宿（世纪摩天）饭店、太阳之路大饭店东京店	新宿东站西口	约80分钟	2.11 / 6.16	3,000日元
	涩谷东站	约85分钟	1.10 / 7.17	3,000日元
东京美丽殿太平洋大酒店、品川王子大饭店、高轮王子大饭店、高轮王子大饭店（樱花塔）、新高轮王子大饭店、东京丽笙酒店、东京拉弗雷酒店、东京威斯汀酒店	品川・惠比寿	约85~110分钟	4.13 / 4.14	3,000日元

● 第一航站楼巴士站
● 第二航站楼巴士站

成田机场

目的地	所需时间	车次	费用	备注
东京东站 八重洲南口	约80分钟	1.10 / 7.17	3,000日元	八重洲富士屋饭店
东京迪斯尼乐园 新浦安	60~80分钟	1.10 / 7.11	2,400日元	喜来登饭店、第一饭店东京湾、东京太阳之路广场大饭店、东京湾饭店东急、东京湾希尔顿
目白・后乐园 地区车站口	约90分钟	1.10 / 7.17	3,000日元	
羽田机场	约75分钟	3.12 / 5.15	3,000日元	羽田东急饭店

＊以上资料时有变动，出发前请再次确认。

Steps 搭巴士步骤

1. 买车票 → 2. 前往候车处 → 3. 看布告栏候车

在这里买票 / 搭巴士或出租车跟着标示走 / 前往不同地区的候车处标示

认识东京羽田机场

www.tokyo-airport-bldg.co.jp

前往东京,也可以选择从北京首都国际机场直飞日本东京羽田机场的航线。目前,每天从早到晚都有好几趟前往东京羽田机场的航班,由中国国航、日本航空、全日空航空等公司运营,航程在3.5小时左右。

与成田机场相比,羽田机场比较靠近东京市区,最快只需13分钟即可到达东京的品川,大大省却了来往成田机场与东京的交通时间及金钱。此外,如果到达东京后,想要马上转乘新干线到日本各地的话,可以马上从品川这个新干线车站前往。

羽田机场及成田机场→东京市区的车程及车资比较:

	最快车程	车费
羽田机场→东京市区	最快13分钟	400日元
成田机场→东京市区	最快1小时	2 940日元

羽田机场国际线大楼2楼抵达层平面图

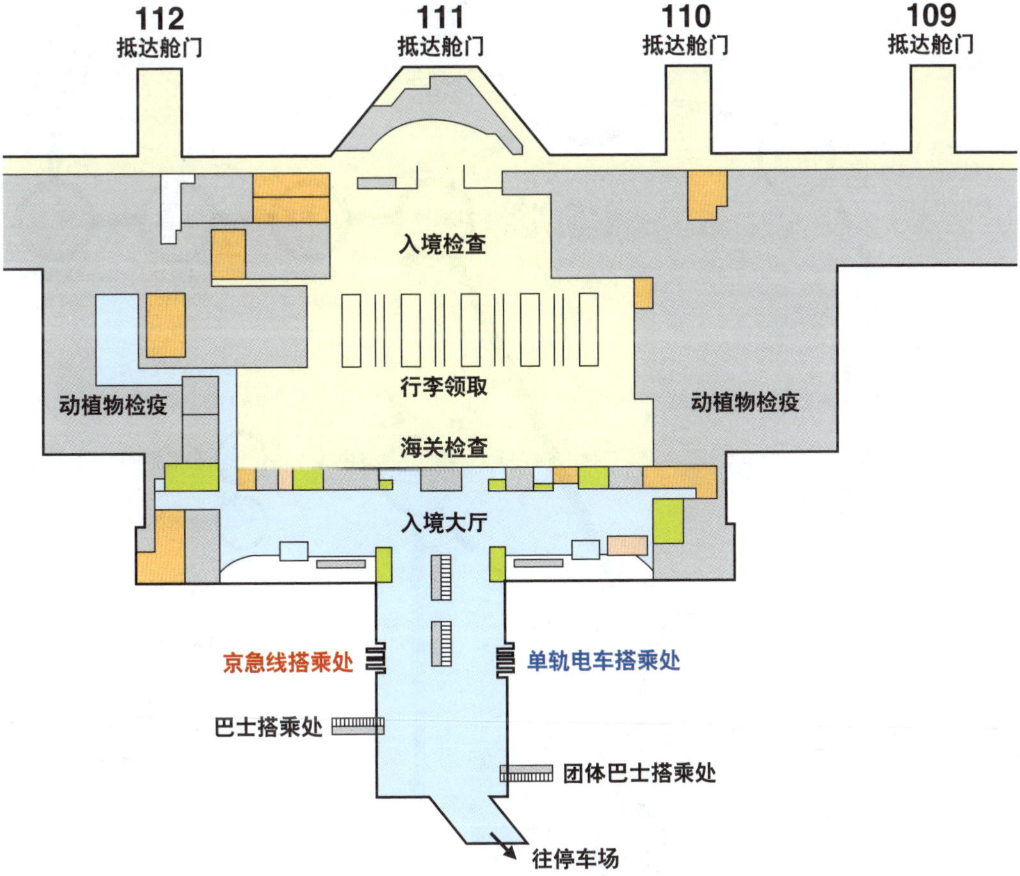

112 抵达舱门　**111** 抵达舱门　**110** 抵达舱门　**109** 抵达舱门

入境检查

动植物检疫　行李领取　动植物检疫

海关检查

入境大厅

京急线搭乘处　单轨电车搭乘处

巴士搭乘处

团体巴士搭乘处

往停车场

如何从羽田机场到东京市区

从羽田机场前往东京市区，可以选择搭乘"京急线"（京滨急行电铁）或"东京单轨电车"（东京モノレール）。羽田机场内有三个车站，分别是羽田机场国内线第二大楼站、羽田机场国内线第一大楼站以及羽田机场国际线大楼站。从国内搭乘飞机到羽田机场，都是在羽田机场国际线大楼站搭车。

不论是搭乘京急线或东京单轨电车，抵达品川站或滨松町站，都可以再转乘JR线或其他地铁线前往目的地车站（要了解更多东京火车或地铁的转乘资料，可参见p.74及p.84）。

东京单轨电车又分普通车、区间快速线及机场快速线，车票可以购买到市区内所有JR线的车站，转车搭乘非常方便。

从羽田机场转乘JR线或其他地铁线

电车路线	搭乘车站→抵达车站	车程	车资	网址
京滨急行电铁	羽田机场国际线大楼站→品川站	13分钟	400日元	www.haneda-access.com
东京单轨电车	羽田机场国际线大楼站→滨松町站	13分钟	470日元	www.tokyo-monorail.co.jp

1. 在品川站可转乘的路线有：JR新干线、山手线、东海道线、京滨东北线、岸根线。
2. 在滨松町站可转乘的路线有：JR山手线、京滨东北线、岸根线；都营地下铁大江户线、浅草线。

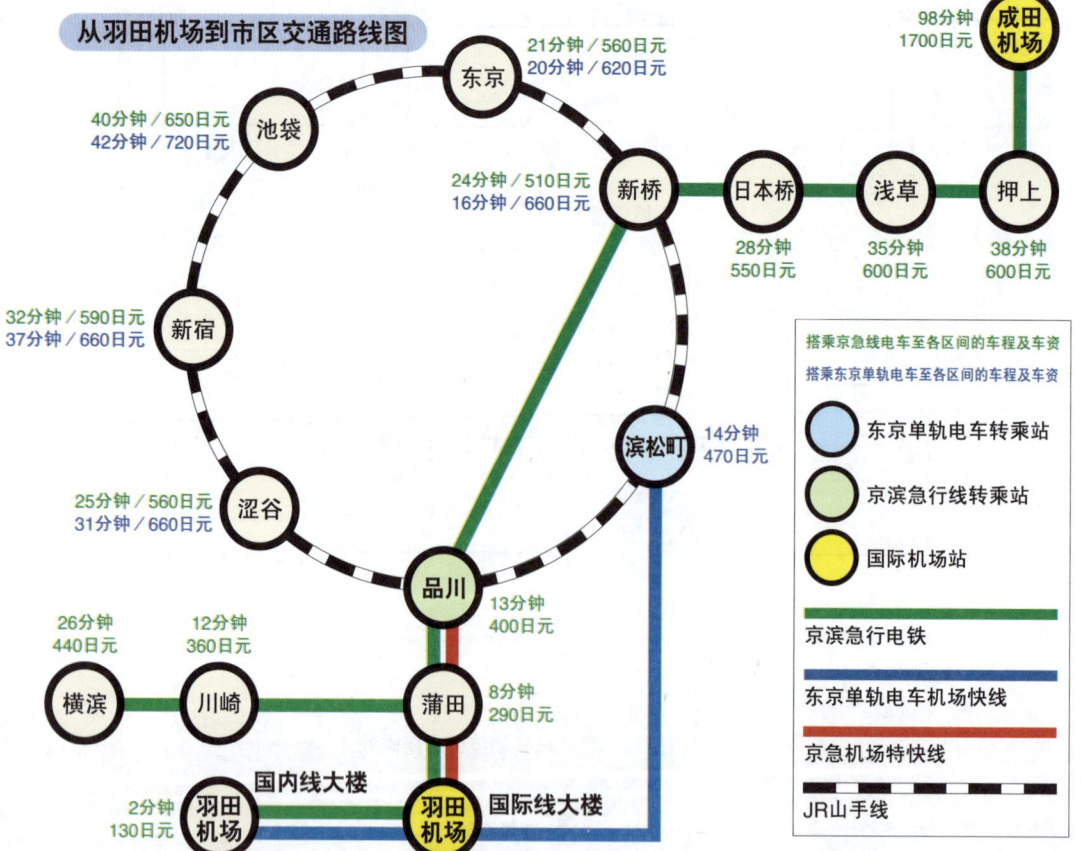

认识大阪关西机场

www.kansai-airport.or.jp

无论是从日本国内或国外坐飞机到关西，关西国际机场都是关西的门户。机场的国际线抵达大堂在机场大楼的1层，而离港出发大堂则在4层。

游关西地区，可选择大阪或京都，作为游览关西地区的基地，因两地之间有多条火车路线相连接，所以交通非常方便，加上两地的游览时间至少需要两天以上，且两地的住宿选择都非常多。如果乘飞机从北京前往日本关西，可以到大阪近郊的关西机场后，再乘坐约1小时火车就可前往以上两地。

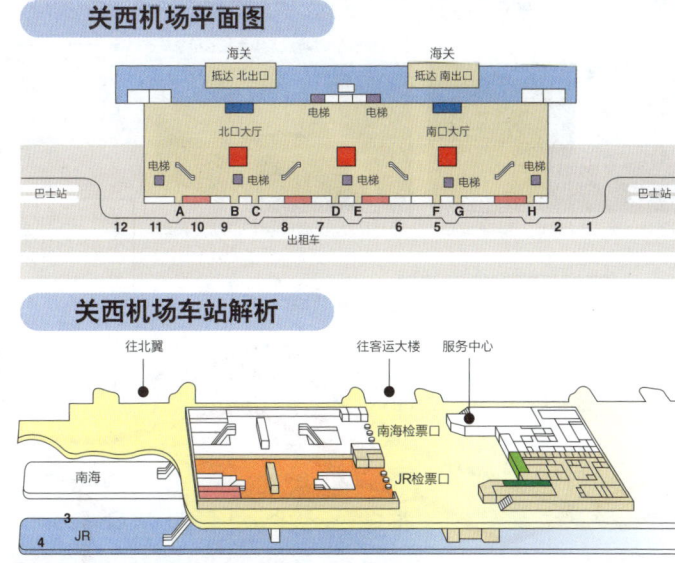

如何从关西机场到各市区

与关西国际机场直接连接的，有"JR列车"及"南海电铁"两种铁路，两者的检票口是相连的，蓝色的是JR列车，可以乘车直接到大阪或京都，而红色的则是南海电铁，可以乘车直接到大阪的难波。而机场巴士、出租车的乘车处就在机场大楼的1层。

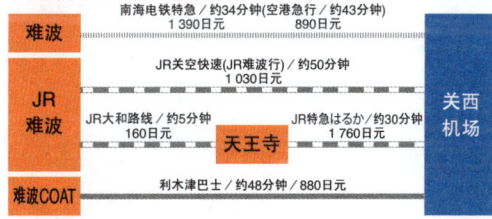

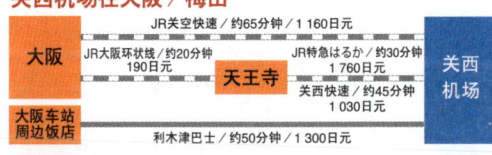

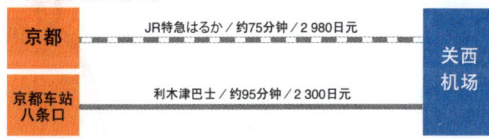

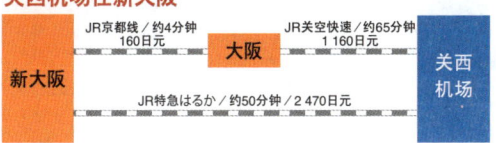

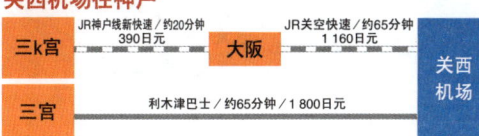

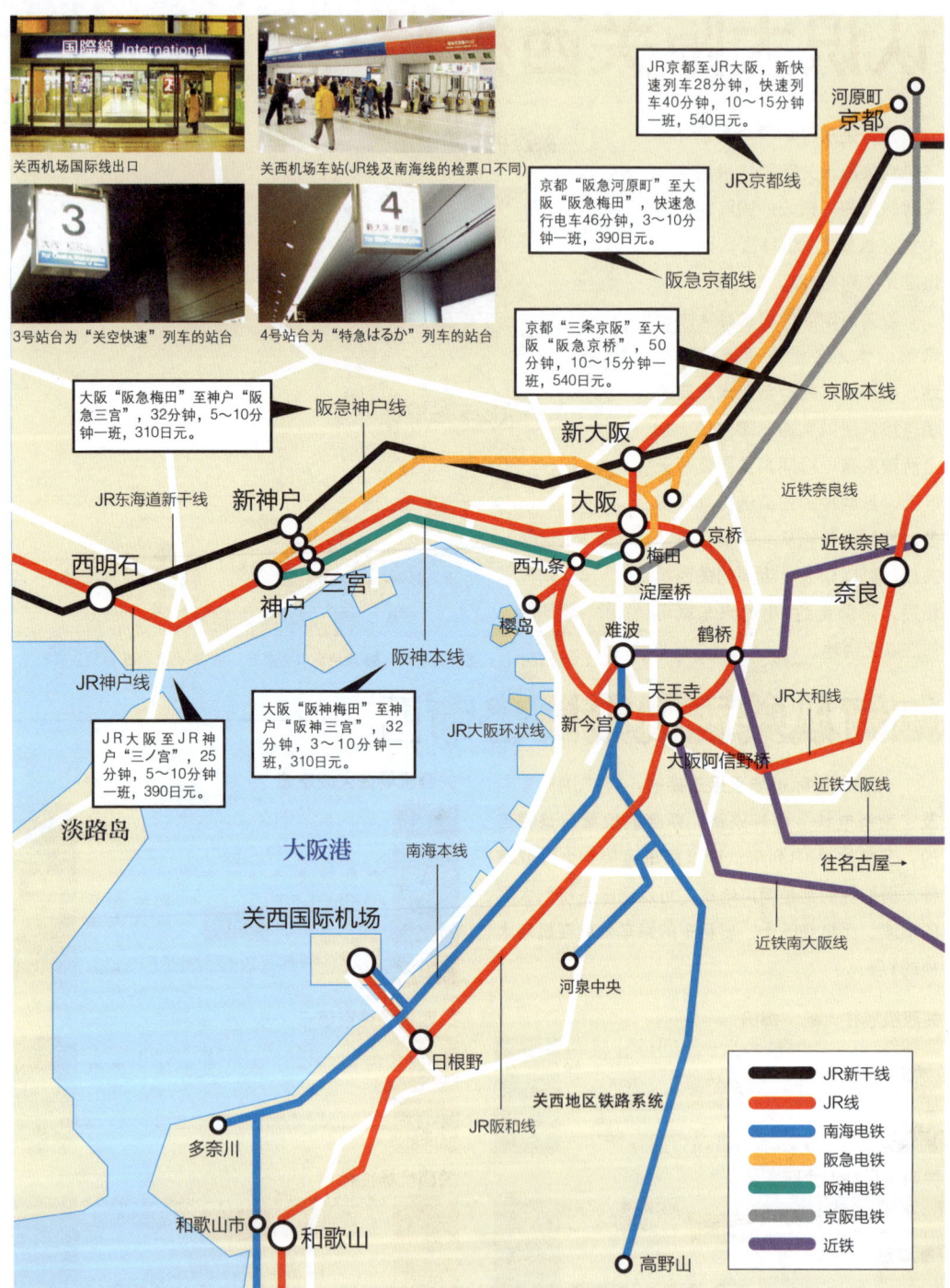

应用日语 あいうえお

实用单词

纸币 / 紙幣 / shihei
硬币 / コイン / koin
支票 / 小切手 / kogitte
兑换汇率 / 為替レート / kawase reto
信用卡 / クレジットカード / kurejittokado

成田机场 / 成田空港 / narita kuukou
第一航站楼 / 第1ターミナル / daiichi taminaru
第二航站楼 / 第2ターミナル / daini taminaru
登机门 / 搭乗ゲート / toujyou geto
登机证 / 搭乗券 / toujyou kenn

应用会话

在机场兑换日元

请问哪里是外币兑换的地方?
両替所　は　どこですか?
ryougaesho wa dokodesuka?

请给我收据。
計算書　を　ください。
keisansho wo kudasai。

请问兑换汇率是多少呢?
為替　レート　は　どのくらい　ですか?
kawase reto wa donokurai desuka?

请将这些纸币换成硬币。
この　紙幣　を　コイン　に　替えて　ください。
kono shihei wo koin ni kaete kudasai。

我想用美金兑换100 000日元。
アメリカ　ドル　を　100 000円分　両替　したいのですが。
Amerika doru wo 100 000yenpun ryougae shitainodesuga。

从机场搭巴士前往饭店

请问饭店有没有巴士接送?
送迎　バス　は　ありますか?
sougei basu wa arimasuka?

请问机场巴士的乘车处在哪里?
バス　乗場　は　どこですか?
basu noriba wa dokodesuka?

请问哪里可以买到车票?
チケット　は　どこで　買えますか?
chiketto wa dokode kaemasuka?

请问那辆车是前往市区的巴士吗?
市内　に　行く　バス　は　どれですか?
shinai ni iku basu wa doredesuka?

请问这辆巴士是前往(王子饭店)的吗?
この　バス　は　(プリンスホテル)　に　行きますか?
kono basu wa (purinsu hoteru) ni ikimasuka?

我要到(王子饭店),应该在哪一站下车呢?
(プリンスホテル)　へは　どこ　で　降りたら　いいですか?
(purinsu hoteru) hewa doko de oritara iidesuka?

若到达(王子饭店)时,请通知我。
(プリンスホテル)　に　着いたら　教えて　ください。
(purinsu hoteru) ni tsuitara oshiete kudasai。

我会晚上11点多才到达酒店,请为我保留房间。
夜の　11時頃　の　到着ですが、　予約　は　残してください。
yoruno 11 jigoro no touchaku desuga, yoyaku wa nokoshitekudasai。

开始在日本自助旅行

房间外是一个日式庭园的旅馆

住宿篇
Accommodation

在日本旅行，有哪些住宿选择？

日本的住宿种类非常多样，有能更深入体验日本生活文化的旅馆、民宿；有大批外国人互相交换旅游心得、价格低廉的青年旅舍；有方便干净的商务饭店及大饭店可供选择。

实用订房网站	46
廉价商务酒店	47
旅馆・民宿	48
商务饭店・大饭店	49
青年旅舍	50
应用日语	52

实用订房网站

乐天旅游网网站：travel.rakuten.co.jp(日文)
Jalan网站：www.jalan.net(日文)
　　　　　www.jalan.net/en/japan_hotels_ryokan(英文)

除了直接在各酒店的网站上订房以外，还可以到一些大型住宿信息网站，按个人要求挑选后再预订。"乐天旅游网"与"Jalan"是两个日本人比较常用的订房网站。网站除了有日文版外，还分别有中文及英文版本。这两个订房网站经常会有网上订房优惠，可以找到日本不同地区的住宿资料，每家酒店均有详细介绍，还附有地图。如果不想通过这两个网站订房，也可以记下酒店电话，或者在网上搜寻其官方网站，直接联络酒店预订亦可，不过订房优惠可能会有所不同。

Jalan网站

一个提供日本全国住宿资料的网站，可依不同住宿分类搜索，从日式旅馆、温泉旅馆至各个不同价位的酒店都有，网站更特别开出一个为出差商务人士提供商务酒店的专区。网站同时有英文版本，搜索方式与下述的日文版本相似。

Step 2 填入搜索条件

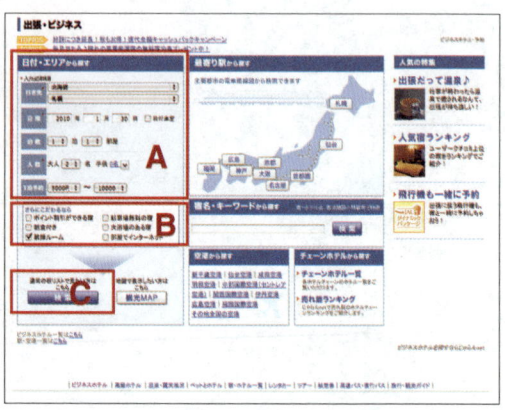

A 填写住宿条件，"多少"泊即入住多少个晚上
B 会员优惠、附早餐、非吸烟房、免费停车场、设有大浴场、房内可以上网
C 开始搜索

Step 1 选择搜索项目

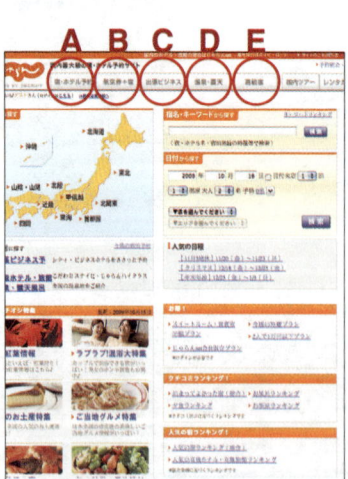

A 酒店预约
B "机"＋"酒"
C 出差
D 温泉
E 高级酒店

Step 3 检查搜索内容

A 搜寻结果数量
B 以最便宜的价格优先排列
C 酒店名称、酒店简介
D 前往酒店的方法
E 酒店住宿优惠
F 其他优惠

Traveling in Japan

住宿篇

 搜索"其他优惠"内容

乐天旅游网

资料详尽,备有中文版网页,可依不同住宿分类搜寻,提供日本各地酒店预订服务,也有多种价位供选择,更有网上预订优惠价。

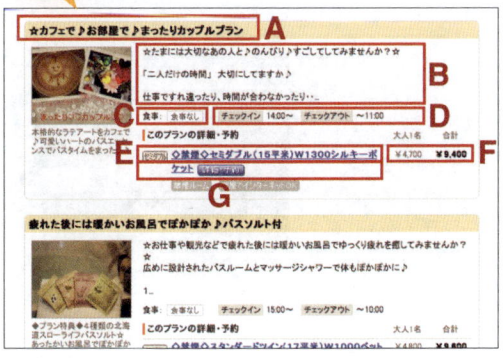

A 优惠名称
B 优惠简介
C 饭食提供
D 登记入住、退房时间
E 床铺种类、房间介绍
F 住房费用
G 预约(需先注册成为会员)

廉价商务酒店

东横Inn网站:www.toyoko-inn.com/china
Super Hotel网站:www.superhoteljapan.com/cn

日本全国各地都有不少以连锁形式经营的廉价商务酒店,专门以日本国内出差人士为服务对象。这些酒店没有华丽的酒店大堂,亦不设餐厅、泳池和商店,不过却以其便宜的定价以及优越的地理位置,成为商务出差人士及日本国内外游客的住宿首选。

房间配备

这些酒店的房间虽小,却能与日本一般酒店的整洁度相媲美,且备有一般卫浴用品、电视、小冰箱、茶水,并能上网,如果没有带手提电脑的话,大堂还设有免费电脑供使用。

周边交通

这些酒店主要设于火车站附近10分钟步行范围内,位于一些较小的城市甚至在火车站对面;至于一些大城市如东京、大阪等,酒店位置则离火车站有点远,不过市内也有3～4家可供选择,不少都在地铁出站口附近,可转乘当地地铁前往。

酒店比较

这些廉价商务酒店主要有"东横Inn"及"Super Hotel",服务、价格、房间设备大同小异,不过Super Hotel的一些分店还备有免费温泉浴场供房客使用,比较特别。两家都有中文网页,而且Super Hotel还是简体中文网页。网上订房的服务,东横Inn整个过程都有中文及英文网页,方便易懂;不过Super Hotel的订房页面只有英文操作。

东横Inn中文网页

Super Hotel中文网页

旅馆・民宿

住宿费：3 500～5 000日元
网　站：www.ryokan.or.jp

日本的住宿费用相当昂贵，东京或其他城市更不在话下。各地旅馆的等级、价格差异很大，从最便宜的日式旅馆4 500日元，到京都百年历史的木建旅馆，一晚住宿费超过25 000日元的都有，其服务、环境舒适度及饮食当然也大不相同。有些旅馆的费用还包括早餐及晚餐，即价钱旁边会加上"2食付"字样，可作为比较价格的参考指标。

民宿

民宿是经济实惠的住宿选择，一向都大受自助游人士的欢迎。民宿的另一个优点是，可以跟民宿的主人深入交谈，从而了解当地的风土人情及名胜景点。民宿的主人亲切好客，招呼周到，大多都会说英语。

旅馆

日式旅馆与民宿的形式差不多，不过前者的价格较高，也较舒适。"Japanese Inn Group"（日本旅馆团体）提供了很多日式旅馆的信息，可以在各地的"观光案内所"索取相关资料，还可以请酒店员工代为订房。

民宿、旅馆住宿小提醒

由于民宿及旅馆多是日式布置，所以有几项礼仪需要大家遵守：

进门前要脱鞋
进入玄关前，须先脱鞋再换上拖鞋后才可以进入房间。

两鞋紧挨，鞋头朝外

泡汤前先换浴衣并净身
大多数民宿都有公众浴场，可以供大家泡温泉。入浴前需换上预先放在房间内的浴衣（穿着方式是将左襟盖在右襟之上），到浴场更衣室才可脱下。脱下后记得拿民宿提供的小毛巾遮住身体，以示礼貌。入浴时，不能立刻走进浴池，必须先用清水清洗身体，之后才可进入浴池。同时不可穿着泳衣或其他衣物，必须全裸入浴，这点请特别留意。

日式浴衣穿法： 将左襟盖在右襟之上。

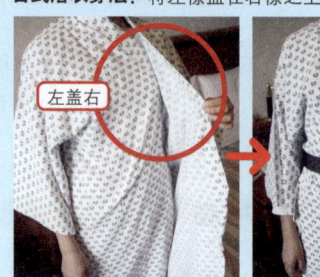
左盖右

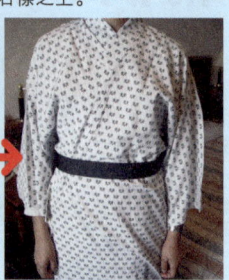

日式浴场用法： 先洗净身体，才可入浴池泡汤。

先洗澡

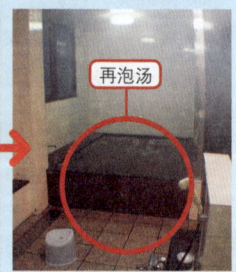
再泡汤

不要穿浴衣乱走
饭店跟旅馆一样也备有浴衣供客人使用，不过尽量不要在饭店内穿着到处乱走，在房间里穿穿就行，而旅馆则可以。

商务饭店·大饭店

住宿费：商务饭店5 500～7 000日元
　　　　大饭店8 000～10 000日元
网　站：www.j-hotel.or.jp

住宿篇

　　虽说是商务饭店，旅游人士当然可以住。此类饭店多半在距离火车站15分钟步程以内，房间较西式酒店小，有独立浴室。

　　大饭店设备及位置都是众多住宿类型中最好的，而价钱也相对最高。如果想要住这一类的酒店，建议出国前向旅行社购买航空公司推出的"机票＋住宿(机＋酒)"优惠套餐，会比较划算！

饭店的前台

大饭店或商务饭店都提供浴衣

饭店房间里的饮料需要额外付费，不是免费的哦

可观赏日式庭园的京都百年旅馆

日本住宿先看这里

住宿信息宝库
1. **火车站观光服务中心**：到达日本任何一个城市小镇，都可以在火车站附近或火车站内的观光服务中心找到该地区的住宿信息。
2. **日本国家旅游局**：这是一个很重要的观光机构。可以到其位于东京或大阪的办事处索取相关的住宿资料(请参照p.26)。

是否接受刷卡，请事先查询
　　一般旅馆、青年旅舍及民宿大部分都不接受信用卡付款，所以应事先做好住宿的现金预算。但部分旅馆、民宿已经有刷卡服务，以方便国际旅游人士，登记入住前可先查询。

可请观光服务处职员帮忙预约住宿
　　一般青年旅舍的接待员都懂英文，打电话预约没问题。有些地方的观光服务中心还会提供优惠住宿价，例如，在京都车站的观光服务中心预约饭店，有时要比自己预约的价格便宜近3成！

京都火车站的观光服务中心

 开始在日本自助旅行

青年旅舍

住宿费：约3 500日元
网　站：www.jyh.or.jp

日本的青年旅舍遍布日本大小城市，有些还位于旅游景点附近，对于学生或背包族而言，是每一天旅程的终点站。其实青年旅舍除了价廉之外，游客既可在当中得到不少旅游信息，又能结交不少外国朋友，且不少已开始提供上网服务，住过一次青年旅舍，就能体会到不同的旅人生活。

加入青年旅舍会员，开始成为背包族！

什么是"国际青年旅舍"？

凡是到国外旅行的人，对于蓝色三角形里面画有树和房子的标志应该都不会陌生。这就是历史悠久的"国际青年旅舍"（YOUTH HOSTELS）的标志。它成立于1909年，是世界上规模数一数二的非官方、非营利的民间组织，截至2014年年底，全球会员已超过400多万人！

有什么优惠？

出国旅行，最主要的开销不外乎机票和住宿。凡申请国际青年旅舍住宿会员卡的人，就可以享受全球4 500多家青年旅舍的优惠住宿价。国际青年旅舍所提供的"平易近人"的房价，是向往出国旅行、但预算有限的青年学子的最爱。目前各国房价依地区、设备略有差异，一般来说，每人每晚房价在10~25美金之间。

如何申请？

无论男女老少都可以提出申请，没有年龄的限制。只要备妥护照复印件，或身份证复印件连同英文姓名，填妥申请表，并缴纳一定会费即可取得。这张行遍全球的住宿会员卡有效期以1年为限。

如何获得各国青年旅舍的信息？

总联盟每年出版两本综合的地址名录，会员可以从这儿事先了解旅游目的地有哪些青年旅舍，再依地址、联系电话按图索骥。

如何订房？

国际青年旅舍的网站：www.iyhf.org。网站不只提供世界各地青年旅舍的最新动态，同时也提供提前6个月订房的服务。接受网络订房后，各地订房服务处会寄上确认单，可以以人民币在国内预先付费，这样可节省银行汇兑的手续费。此外，还可以通过下列方式订房：

- 电子邮件：一般来说，当地的青年旅舍会在7个工作日后以电子邮件确认。
- 传真订房、电话订房。
- 亲自到青年旅舍订房。

YH国际青年旅舍会员卡办卡地点

国际青年旅舍中国总部

办公地址：广州市天河区体育西路103号维多利广场A塔3606室（510620）

办公时间：周一~周五的9:00~18:00（12:30~14:00 为午休时间）

官方网址：www.yhachina.com

在青年旅舍可享受到的服务

寄存行李

青年旅舍多在15:00～20:00办理入住，如果是早上抵达，可先将行李放在公用储物柜或大厅，然后就可以轻松出游了。

免费接送

有些青年旅舍在山上，偏僻难达，如摩周湖青年旅舍，但他们会提供免费接送服务，电话预约时，最好先查询接送时间及详情。

特别活动

以北海道摩周湖青年旅舍为例，它会举办一些晚上观星及清晨观日出的活动，可以在前台询问旅舍有没有举行特别的活动。

有单人房及双人房

如果不习惯和其他陌生人同住，青年旅舍也有单人房及双人房，当然价格比较贵。

青年旅舍住宿小提醒

离火车站颇远

虽然青年旅舍的价格是众多住宿选择中最便宜的，但位置往往离火车站颇远，各处的青年旅舍大都需要从火车站转乘10～15分钟的巴士才能到达。

入住有时间限定

青年旅舍的前台有营业时间，在电话预约时应先问清楚，否则晚上到达的话，有可能不能办理入住手续。

有门禁时间

青年旅舍很多设施都有使用时间限制，也有关门及熄灯时间限制，订房前最好先问清楚。

供餐时间固定

如果不能确定返回时间，就不要预订晚餐，因为晚餐是定时供应的。通常住宿费用有包括晚餐及隔日的早餐，如果不用餐，住宿费当然就会便宜一些，但需事先通知青年旅舍，以便办理。

经常客满

由于青年旅舍收费便宜，所以除外国游客外，也有不少日本本地游客入住，如果您的旅游假期刚好遇上日本新年假期、3～4月底及5月初的黄金周，以及7、8月暑假，最好先预订房间，在网上预订即可。

应用日语 あいうえお

实用单词

- 单人房 / シングル ルーム / shinguru rumu
- 大床房(加宽床) / デプル ルーム / daburu rumu
- 标间(两张单人床) / ツイン ルーム / tsuin rumu
- 日式澡堂 / お風呂 / ofuro
- 询问处 / インフォメーション / infuomesyon
- 接待处 / 受付 / uketsuke
- 住宿预约单 / 予約確認書 / yoyaku kakunin sho
- 取消 / 取り消し / torikeshi
- 预约 / 予約 / yoyaku
- 税金 / 税金 / zeikin
- 服务费 / サービス費用 / sabisu hiyou
- 收据 / 領収書 / ryoushuusho
- 账单 / 勘定書 / kanjousyo
- 日式室 / 和室 / washitsu
- 西式室 / 洋室 / iyoshitsu
- 床 / ベッド / beddo
- 地板 / 床 / toko
- 浴室 / 浴室 / yokushitsu
- 早餐 / 朝食 / chousyoku
- 午餐 / 昼食 / chuusyoku
- 晚餐 / 夕食 / yuusyoku
- 冰箱 / 冷蔵庫 / rei zou ko
- 饭店经理 / 支配人 / shihainin
- 清洁服务员 / メイド / meido
- 行李服务员 / ポーター / pota
- 行李服务处 / コンシェルジュ / consherujyu
- 押金 / 前金 / zenkin
- 收费电视 / 有料テレビ / yuryou terebi
- 房间服务 / ルームサービス / rumu sabisu
- 餐饮券 / 食事券 / shokujiken
- 自动售货机 / 自動販売機 / jidouhanbaiki

应用会话

请旅游观光中心帮忙预约

可以在这里预订旅馆吗？
ここで ホテル の 予約 が できますか？
kokode hateru no yoyaku ga dekimasuka？

我想预订(今晚)的(饭店／旅馆)。
(今晚) の (ホテル／旅館) を 予約 したいの ですが。
konban no (hoteru／ryokan) wo yoyaku shitaino desuga。

请介绍一些在(火车站)附近的旅馆给我。
(駅) から 近い ホテル を お願いします。
(eki) kara chikai hoteru wo onegaishimasu。

我想住一晚5 000日元以下的房间。
一泊 5 000円 以内 の 部屋 を 希望 します。
ippaku 5000yen inai no heya wo kibou shimasu。

旅馆附近安全吗？
ホテル の 周辺 は 安全 ですか？
hoteru no shuuhen wa anzen desuka？

有独立浴室的房间比较好。
バス 付き の 部屋 を お願いします。
basu tsuki no heya wo onegaishimasu。

这个价格包含税金及服务费吗？
サービス料 と 税金 は 含まれて いますか？
sabisuryou to zeikin wa fukumarete imasuka？

这个价格包含早餐吗？
料金 に 朝食 は 含まれて いますか？
ryoukin ni choushoku wa fukumarete imasuka？

还有更便宜的(饭店／旅馆)吗？
もっと 安い ホテル／旅館 は ありませんか？
motto yasui hoteru／ryokan wa arimasenka？

这家旅馆在哪里？
その ホテル は どこに ありますか？
sono hoteru wa dokoni arimasuka？

请帮我预订一间每天(6 000)日元以内的旅馆房间。
旅館 を 予約 して下さい。
ryokan wo yoyaku shitekudasai。
一泊 6 000円 以内 で とまる ところ を お願いします。
Ippaku (6000) en inai de tomareru tokoro wo onegaishimasu。

询问旅馆前台或用电话预订

请问有没有空房间？
あいた 部屋 は ありますか？
aita heya wa arimasuka？

有。／对不起，没有。(柜台回答)
はい、あります 。／すみませんが、ありません。
hai arimasu。／sumimasenga arimasen。

对不起，今晚已客满了。(柜台回答)
すみませんが、 満室 です。
sumimasenga manshitsu desu。

我没有预订。
予約 は していません。
yoyaku wa shiteimasen。

请问房费有没有包含(早餐／用餐)的费用？
(朝食／夕食) は つい ていますか？
(choshoku / yuushoku) wa tsuite imasuka？

我会留宿(一／两晚)。
一泊／二泊 します。
(ippaku / nihaku) shimasu。

(一晚)多少钱？
一泊 いくら ですか？
(ippaku) ikura desuka？

请问(单人房／大床房／标间)的房价是多少？
(シングルルーム／デブルーム／ツイン) は いくら ですか？
(shinguru rumu / daburu rumu / tsuin rumu) wa ikura desuka？

入住时间截止到几点？
チェックイン は 何時 まで に なっていますか？
chekkuin wa nanji made ni natteimasuka？

我会在(6时)左右到达。
(6時) 頃 まで には 行けます。
(rokuji) goro made niha ikemasu。

我晚一点才能到达，请不要取消预订的房间。
到着 が 遅れますが 予約 を 取り消さないで ください。
touchaku ga okuremasuga yoyaku wo torike sanaide kudasai。

旅馆办理入住

请问已经预订了吗？(柜台问)
予約 は されて ますか？
yoyaku wa sarete masuka？

我已在(北京)预订了。
予約 は (北京) で 済ませて あります。
yoyaku wa Beijing de sumasete arimasu。

请给我一间风景比较好的房间。
眺めのいい 部屋 を お願い します。
nagamenoii heya wo onegai shimasu。

我不知道怎么填这张住宿登记卡。
宿泊 カード の 書き方 が わかりません。
shukuhaku kado no kakikata ga wakarimasen。

请帮我将行李拿到房间里。
荷物 を 運ん でください。
nimotsu wo hakon dekudasai。

这里有懂(中文／英文)的工作人员吗？
(中国語／英語) を 話せる 人 は いますか？
(chuugokugo / eigo) wo hanaseru hito wa imasuka？

我想多住(1)天。
滞在 を 1日 延期 したいの ですが。
taizai wo (ichinichi) enki shitaino desuga。

需要先付订金吗？
前金 は 必要 ですか？
zenkin wa hitsuyou desuka？

客房服务与退房

这里几点钟关门？
門限 は 何時 ですか？
mongen wa nanji desuka？

行李可以寄存在这里吗？
荷物 を 預かって もらえますか？
nimotsu wo azukatte moraemasuka？

可以帮我保管贵重物品吗？
貴重品 を 預かって もらえますか？
kichouhin wo azukatte moraemasuka？

麻烦取一下先前寄存的贵重物品。
預けて おいた 貴重品 を ください。
azukete oita kichouhin wo kudasai。

请于明早(7)点叫我起床。
明日 の 7時 に モーニングコール を お願い します。
ashita no (shichiji) ni moningukoru wo onegai shimasu。

几点钟退房？
チェックアウト は 何時 ですか？
chekkuauto wa nanji desuka？

房间(304)，请帮我退房。
(304)号 室 です。 チェックアウト を お願い します。
(304)gou shitsu desu chekkuauto wo onegai shimasu。

由于明早(5)点便要离开，请现在先帮我办理退房手续。
明日の朝5時に 出発 しますので、今精算 しておいて ください。
asita no asa (goji) ni shuppatau shimasu node ima seisan shiteoite kudasai。

开始在日本自助旅行

日本交通篇
Transportation

游遍日本，该选什么交通工具？

日本交通工具非常多元化，且准时、方便、快捷，城际交通有新干线，城市内有通勤火车、地铁、巴士、电车、出租车。而一张特别为海外游客而设的JR Pass，似乎是环游日本各地的必备品。

认识日本国铁	56
火车服务及内装	56
指定席车票解析、站台信息板解析、列车信息板解析	57
认识JR Pass	58
买JR Pass要多少钱？	58
其他地区限定铁路票	58
如何在日本换领JR Pass？	59
什么时候可以使用呢？	59
什么时候不需要购买呢？	60
如何在网上查询火车车次	61
如何使用JR Pass搭火车	62
如何搭地铁、如何搭公交车	64
如何搭乘长途巴士	66
如何搭出租车	69
应用日语	69

认识日本国铁

日本铁路有国营铁道JR及地区性的私营铁道。JR列车又分为新干线、特急、急行、快速及普通列车。新干线的速度最快但票价也最高，是连接日本各大城市的高速铁路。以东京为中心点，往南到福冈，有东海道新干线及山阳新干线，北边则有东北新干线通往东北地区的门户，现在日本计划扩展路线到北海道的札幌。如果要到新干线无法到达的地方，就要再转乘特急、急行、快速及普通列车等地方路线。

新干线列车

特急列车

普通列车

火车服务及内装

行李架

新干线列车没有特别设置摆放行李的地方，如果携带大件行李，可以放在车厢连接处或是门边，椅子背后也可以。手提的小型行李则可以放在座位上的行李架上。

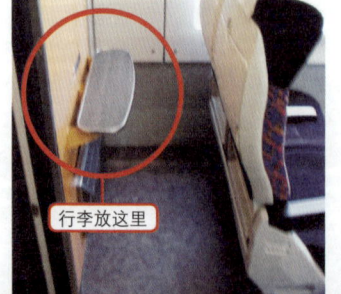
行李放这里

手推车

所有新干线及部分特急列车都设有列车服务员，他们推着售卖小食品、饮料、零食、列车纪念品及土产等的手推车在各车厢间销售。另外，新干线"ひかり"(Hikari)上也有Service Corner及Cafeteria提供快餐及咖啡，可以在以上特定的车厢购买想要的食物或饮品，再带回座位享用。

洗手间

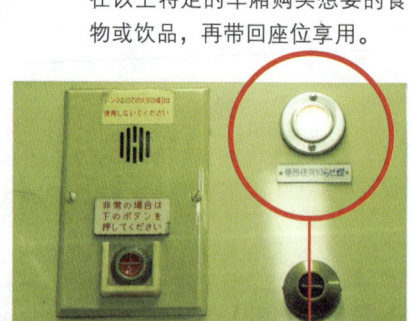
亮灯表示使用中

洗手间分为日式及西式两种，男厕多设小便池。新干线及特急列车几乎在每个车厢之间都设有洗手间，但急行及普通列车洗手间较少，甚至没有，如果看见门口上端的电子屏幕亮着，就表示有人正在使用洗手间。

指定席车票解析

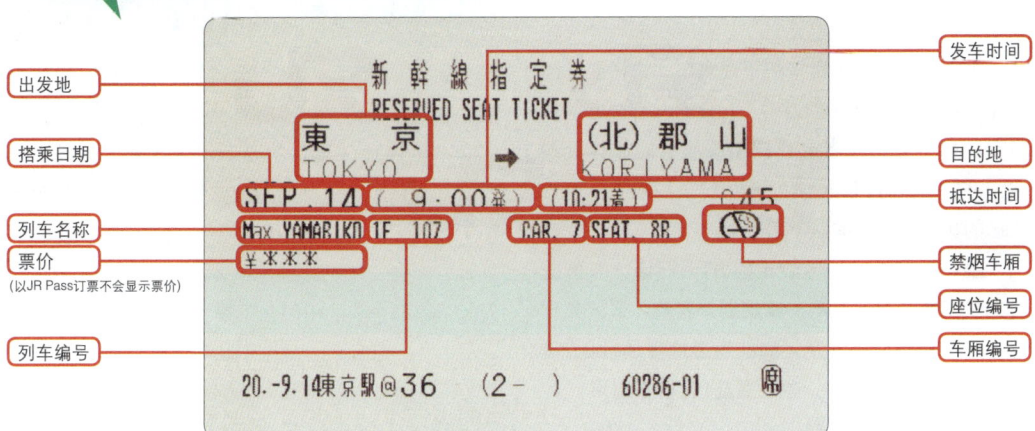

站台信息板解析

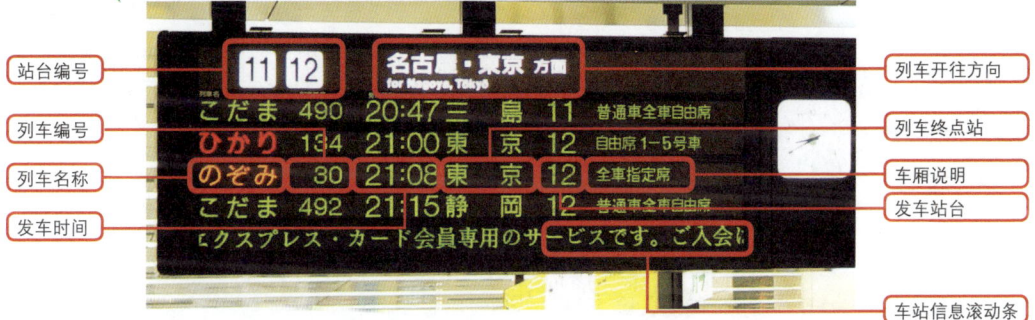

列车信息板解析

认识 JR Pass

JR Pass官方网站
http://www.japanrailpass.net

出国前如果确定要搭新干线火车,记得要在国内先购买"日本铁路周游券"(JR Pass)。可以向日资的航空公司或者有代理相关服务的旅行社购买。JR Pass有7日、14日及21日三种限期,可依自己的旅行需要选购。

要特别留意,地区限定的JR通行证,在某些日期是不能使用的,购买或规划行程前,最好先到以下所列各网站看清楚,如北海道地区通行证7日票,在5月初、8月中、12月底及1月初不能用。

买 JR Pass 要多少钱?

JR Pass有效期间	普通证(一般车厢)	绿证(头等车)
7日	28 300日元	37 800日元
14日	45 100日元	61 200日元
21日	57 700日元	79 600日元

注:6~11岁儿童半价　　※以上资料时有变动,出发前请再次确认。

其他地区限定铁路票

JR东日本通票

关东地区票分为5日、10日或随意选4天三种。持证者可于有效期内搭乘关东区内JR东日本铁路公司的多条路线,其中包括新干线、特急列车、普通地方线列车等。

5日票:普通车厢20 000日元 / 头等车厢28 000日元
10日票:普通车厢32 000日元 / 头等车厢44 800日元
随意选4日的票:普通车厢20 000日元 / 头等车厢28 000日元
网站:www.jreast.co.jp/tc/eastpass

JR西日本JR West Pass

共有三种火车通行证,"Kansai Wide Area"是新推出的,包括部分关西地区的地方路线及新干线列车,价格合理、弹性大,最适合一些想离开京都、大阪、神户地区而且乘坐新干线列车的旅客。"关西地区票"主要适用于京都、大阪、神户、奈良及姬路地区的地方路线,但其中并不包括新干线列车。"山阳地区票"适用于大阪、神户、仓敷、广岛、下关地区的主要急行路线,还包括新大阪至福冈之间的山阳新干线。

Kansai Wide Area Pass 4日票:7 000日元
关西地区1日票:2 000日元　　关西地区4日票:6 000日元
关西地区2日票:4 000日元　　山阳地区4日票:20 000日元
关西地区3日票:5 000日元　　山阳地区8日票:30 000日元
网站:www.jr-odekake.net/global/tc/jwrp

JR九州铁路周游票

周游票按地域分为两种,有北部九州地区票及全九州地区票,通用于相关地区的九州新干线、特急列车及普通,但不包括山阳新干线及卧铺列车,以及JR九州巴士。

北部九州地区3日票:7 000日元
北部九州地区5日票:9 000日元
全九州地区3日票:14 000日元
全九州地区5日票:17 000日元
网站:www.jrkyushu.co.jp/english/kyushu_railpass.html

JR北海道铁路周游票

3日票、5日票及7日票,可以在自选的日期开始使用,但需连续3日、5日或7日使用。任选4日畅游票则自购买日起10日内,可任选4日使用。
网站:www2.jrhokkaido.co.jp/global/chinese/railpass/index.html

Hokkaido Rail Pass	普通车厢	头等车厢
3日票	15 000日元	21 500日元
5日票	19 500日元	27 000日元
7日票	25 500日元	34 500日元
任选4日畅游票	19 500日元	27 000日元

注:6~11岁儿童半价　　※以上资料时有变动,出发前请再次确认。

如何在日本换领 JR Pass？

日本各地可换领 JR Pass 的地点请见以下网址：
www.japanrailpass.net/zh/zh009.html

因为在国内拿到的是 JR Pass 换领票 (Exchange Order)，所以到日本要再换领。要把护照及换领票一并交给 JR 指定车站的客务中心 (TIS／View Center) 职员办理，并填妥简单的换领表格。记住！换领票不能订票，需换领成 JR Pass 才可以。机场及各大车站均有 JR Pass 的服务中心可申请换领。

JR Pass 换领票　　　　　JR Pass

JR Pass 换领服务中心

JR Pass 使用小提醒

JR Pass 换领票期限、使用资格与退款
1. 从拿到换领票的那一天起，必须在3个月内换领 JR Pass，如果3个月内因故没有换领，可以到原先买票的发行机关办理退款手续，但需扣除10%的手续费。
2. 使用者必须是持15～90日短期旅游签证的人。

验票出示 JR Pass (及指定席乘车票)
1. 如果是坐自由席，车长检票时，只要出示有效的 JR Pass 就可以了。
2. 如果是坐指定席，车长检票时，除了要出示有效的 JR Pass 之外，还要出示预订的指定席乘车票，以证明已预订了这个座位(如果遗失了指定乘车票，一般来说，车长是不会追究的)。

什么时候可以使用呢？

搭 JR 铁道可用

持 JR Pass 可于有效期内无限次搭乘日本国铁的新干线列车、普通急行列车、普通列车以及东京单轨线列车(部分观光列车或特别列车需另加费用)。

搭 JR 巴士可用

可于有效期内无限次搭乘 JR 巴士东北、JR 巴士关东、JR 巴士东海、JR 巴士西日本及 JR 巴士中国的指定地方路线巴士及 JR 巴士北海道、JR 巴士四国及 JR 巴士九州部分的地方路线。同时可以乘坐的高速巴士路线包括札幌至小樽、盛冈至弘前、东京至名古屋、京都、大阪或筑波中心、名古屋至京都或大阪；大阪至津山车库或加西花卉中心。

搭 JR 渡轮可用

可搭广岛宫岛至宫岛口间的接驳船。

什么时候不需要购买呢？

1. 只在东京市内旅游

若只在东京市内旅游，可以不用买JR Pass。一般来说，如果只在东京市内旅游的话，只需要搭地区性的普通列车如JR山手线，不用乘新干线，加上东京市内的各种交通工具如火车、营团地铁、都营地铁或水上巴士等，都推出了1日乘车票(详见p.89)，所以没有必要买JR Pass。

【JR Pass "三不"须知】

不转售 JR Pass不能转让。
不退款 一旦换领票已换成JR Pass，就不能退款。
不补发 无论JR Pass被盗或是遗失，都不补发。

2. 只往返新干线没有到的东京近郊旅游

如果要前往东京近郊，如箱根、富士山、日光、镰仓、伊豆或横滨等地，因为这些地方没有新干线连接，而特急列车往返的车费也没有买JR Pass那么高，加上也不一定要搭日本国铁，所以根本没有必要买JR Pass。

3. 想搭长途巴士省住宿费的时候

即使有计划前往京都、名古屋、大阪、仙台等较远的地区旅游，也不一定要购买JR Pass，因为它们与东京之间有不少长途巴士，往返车费比JR Pass便宜不少，如果想节省交通费及住宿费，不如考虑搭乘夜间巴士在车上过夜，这种方式较为划算(详见p.66)。

绿色窗口 ↑

JR火车站内都有绿色窗口，游客在那里可以索取一些地区住宿或观光路线的旅游资料。另外，JR也常跟不少大型主题游乐场或地区观光局合作，推出"车票＋住宿或游乐场入场券"的套票服务，如果没有使用JR Pass，又打算到某个观光地游览，可考虑买这种特惠套票。

储物柜 ↑

费用根据储物柜的大小而定，300～600日元不等。但需要注意的是，收费的计算方法以日为单位，并非以时数计算。如果打算放置2天的话，需要预先放入2天所需的费用。储物柜最多可用3天，第4天则需要依照储物柜上的电话，拨号请工作人员代为开锁，并缴付余额。

如何在网上查询火车车次

查询火车车次，大家或许会想到去JR的官方网站。不过，日本Yahoo的路线搜寻功能更简单易懂，而且还提供JR以外的火车时间，甚至还有乘火车以外的前往方式，所以其路线搜寻功能，不但可查询车次，更提供了日本国内各地之间的交通方式，对于规划行程帮助非常大。网址：www.yahoo.co.jp。

Step 1 点选"路线"选项

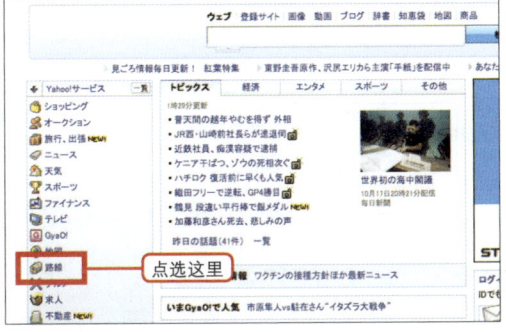

B 选择交通方式
如果持有JR Pass的话，可以免费乘坐"新干线"，亦可同时选择"有料列车"，但不要选择乘坐巴士或飞机。遇上出发地及目的地有一定距离，想要乘坐火车的话，请不要选择乘飞机，否则搜索器会显示多个内陆航班供选择。

C 填上日期、预订出发时间或到达时间

D 指定出发时间、指定到达时间、首班列车、末班列车、没有设定

E 开始搜索

Step 2 输入信息后点"检索"

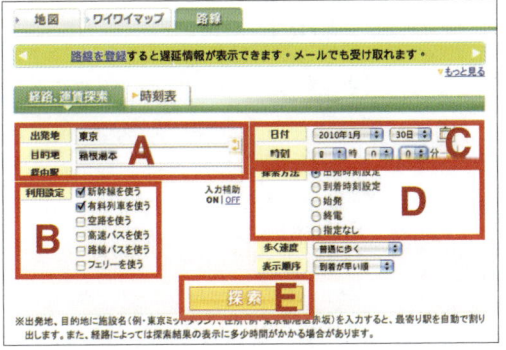

Step 3 搜索结果

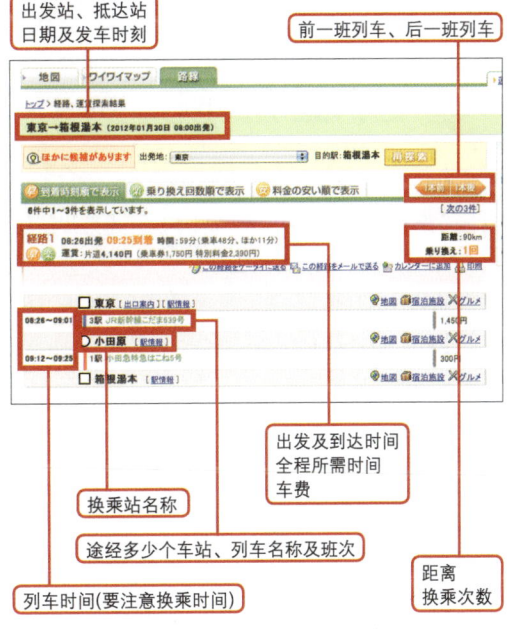

A 输入出发地及目的地名称
可输入车站名、地名或地址查询。以日本汉字输入，如不能打日本汉字，输入日语罗马拼音亦可。如果有太多雷同的车站名，则搜索器会显示多个供选择，如"东京"，会跳出JR火车站的东京以及多个名为东京的站出来。所以最好是输入日本汉字。

如何使用 JR Pass 搭火车

 Step 1 找到绿色窗口

在绿色窗口售票处订票时，必须出示有效的JR Pass(票务员有可能同时要求出示护照)。可预订JR Pass有效期限内的车票，但如果不是买有指定座位的指定席，而是自由席，可以不用预先订票，只要在入口闸机及车上验票时出示JR Pass即可。

 Step 2 填写订票单

当决定好起点与终点、选搭的路线及搭乘时间之后，就可以在JR时刻表上找到列车名称及班次时间。在纸上写清搭乘日期、列车名称、班次时间及禁烟席等项目之后，交给票务员订票。

 Step 3 进入正确的闸口

买好票后，找到自己所要搭乘的新干线，依照路标及地上的指示，进入正确的闸口。在东京站找闸口比较困难，因为即使进了车站，车站还会再细分东海道、山阳新干线入闸口以及东北、山形、秋田、上越、长野新干线的入闸口，而绝大部分的新干线车站也是地区性普通列车的车站，一定要认清两种不同的闸口，有些是两种闸口分开，有些则是经过普通路线闸口，才能进入新干线闸口。

 Step 4 验票入闸口

若没事先订票，入闸时请出示有效的JR Pass给票务员看，票务员也有可能同时要求出示护照。**记得！**不能把指定席乘车票或JR Pass放在自动检票机内过闸。

 Step 5 看电子板确定候车站台

闸口处的电子板会显示将进入此车站的列车名及时间。只要再跟车票对照确认清楚，就可以依照标板显示的站台(のりば／noriba)数前往正确的站台候车了。

 Step 6 看电子板确定车厢位置

不论是买指定席票还是自由席票，都要在入闸口前的电子板找出列车的编成辆数(即列车由多少节车厢组成)。如果买的是指定席票，就要先看清楚车票上的"×号车"这一数字，这就是您的座位车厢编号；如果是买自由席票，就要知道自由席座位是在第几车厢。到达车厢位置时，与地上的标记对照后再做一次确认。

 Step 7 看电子板，确认列车是先发还是后发

注意站台上电子板的资料，确定搭乘列车是

“先发列车”还是“后发列车”来排队(“先发列车”是指即将在站台开出的列车，“后发列车”是指下一班开出的列车)。再对照一下电子板的列车名称及发车时间是否和您的车票相同，以免搭错车。

Step 8 上车找到座位

进入正确的车厢后，可以根据门口上方的标板确认车厢位置，然后再依照坐席上的号码找座位。

搭火车小提醒

指定席订票危险期

每年的12/29～1/5、4/29～5/5、8/13～8/15为日本法定假日，即乘车高峰期，会比较难预订到车票。

两车合并新干线，中途会分驶

如果搭乘到由两辆火车合并发车的新干线(如Yamabiko・Komachi)，请特别注意列车名称编号及车厢位置，因为这种列车会在中途站分开，然后分别前往不同的地点。

Steps 使用JR Pass搭火车步骤

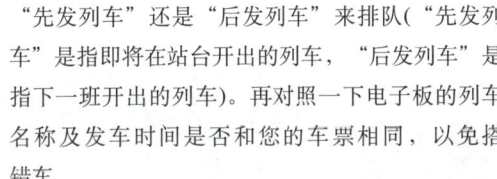

1. 找绿色窗口

みどりの窓口

2. 填单订票

3. 找闸口

闸口标示看这里

4. 验票进闸口

5. 看标示找站台

标板解析请见p.57

6-1. 看标示找车厢

标板解析请见p.57

6-2. 查看车厢信息

车厢编制图

6-3. 确认车厢停靠位置

自由席
指定席
つばさ 自由席 17号車
16両編成 16号車

7-1. 先发与后发要注意

后発列車
发车
后发车

7-2. 等列车进站

8-1. 确认车厢

5
指定席 Reserved
自由席 Non-Reserved
车厢编号看这里

8-2. 找对座位

4A
4B
座位编号看这里

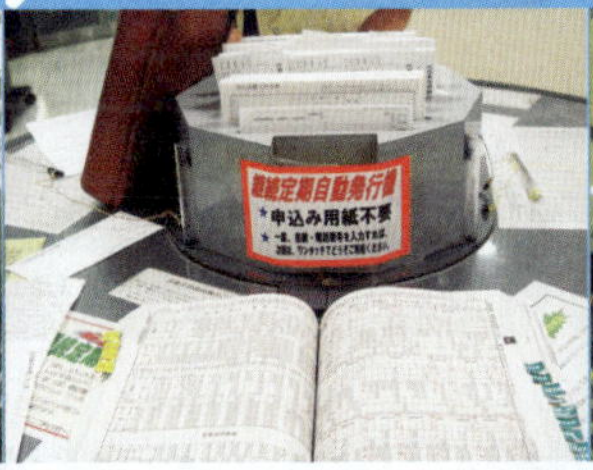

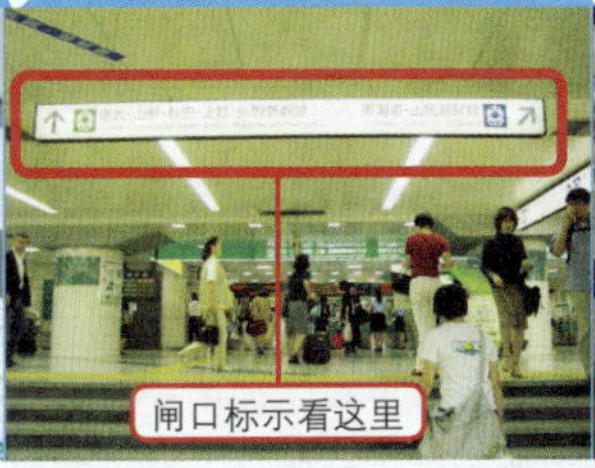

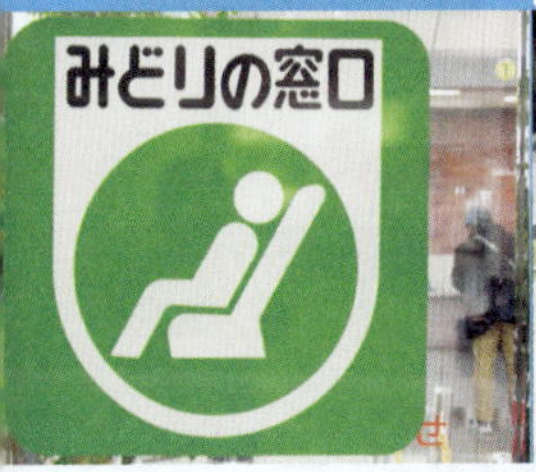

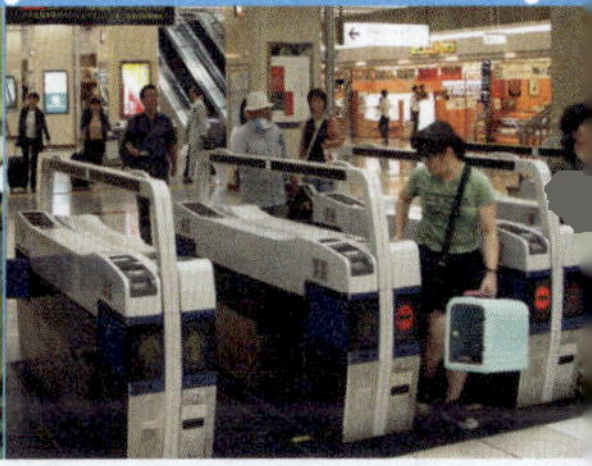

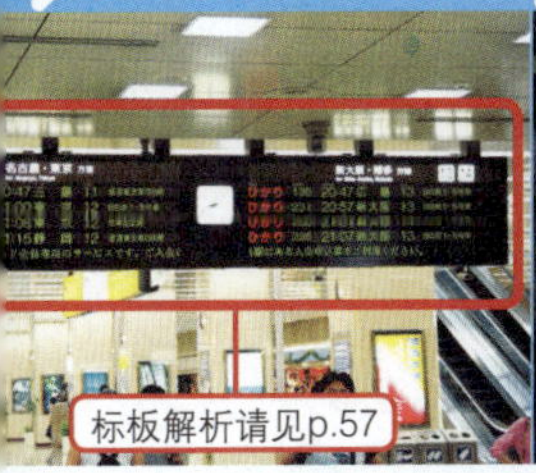

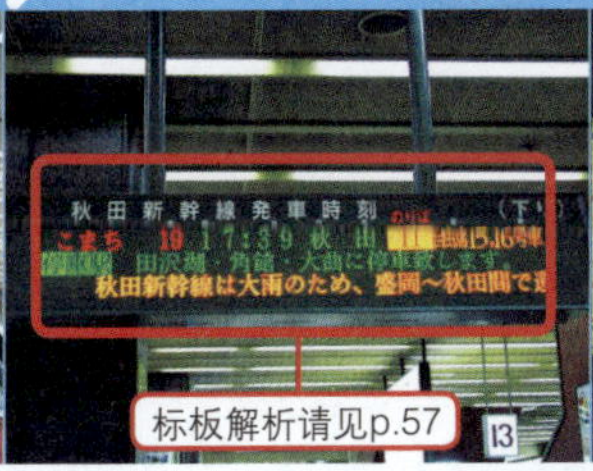

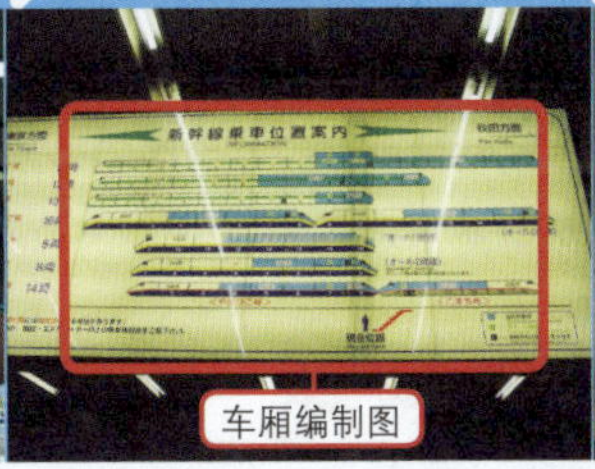

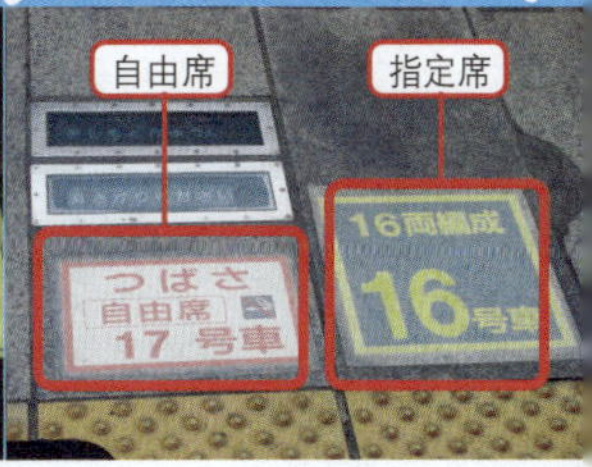

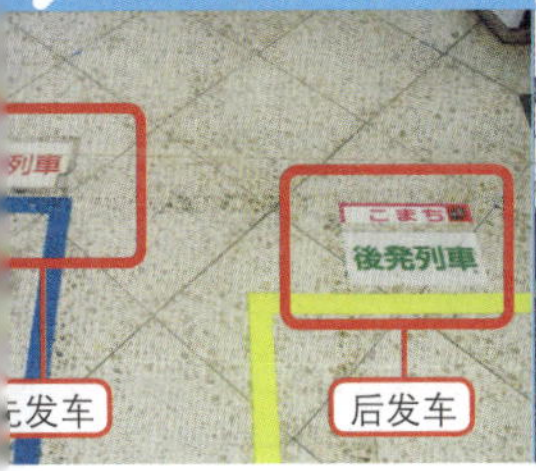

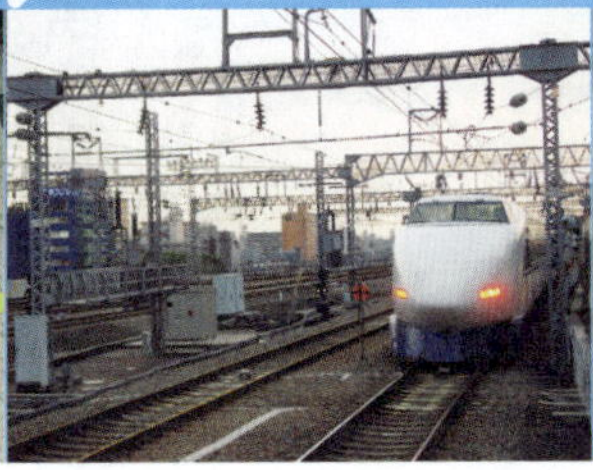

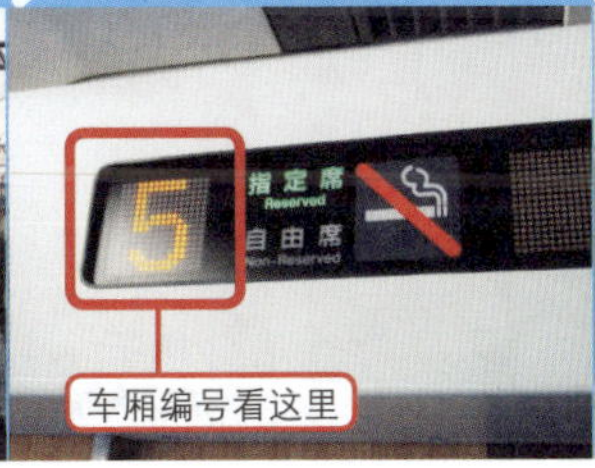

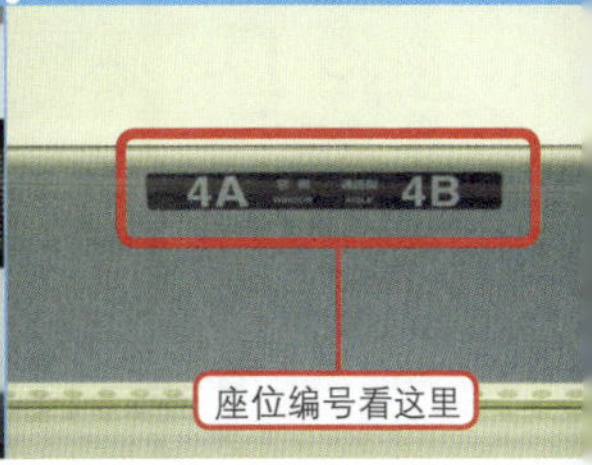

如何搭地铁

地铁是日本大城市内最主要的交通工具，福冈、神户、京都、大阪、名古屋、横滨、东京、札幌及仙台都有地铁，其中东京的地铁路线最复杂，由营团及都营两个系统合营12条地铁路线，只要应付得了东京的地铁网络，乘坐其他城市的地铁，就不成问题了(东京地铁交通介绍请参照p.82)。

各地的地铁系统并不由日本国铁(JR)营运，所以JR Pass并不适用，却有可供游客在一天之内无限次乘坐的一日乘车票，能节省不少车费。

如何搭公交车

到没有地铁的城镇旅游，公交车就成了重要的交通工具。一般地区的公交车站就在火车站前面，当到达一个新地点以后，可以到火车站内的观光旅游中心或公交车站前询问前往景点的路线。不少著名旅游城镇，如东京附近的镰仓、箱根或富士山等地，都有一天可无限次搭乘的"一日乘车证"，如果时间充裕，而且想要前往的景点较多，购买这种乘车证，可省不少旅游费用。

如何搭公交车

 Step 1 注意行驶路线标示

可以从公交车站牌、车身上的路线标示了解公交车的行驶路线。

Steps 搭公交车步骤

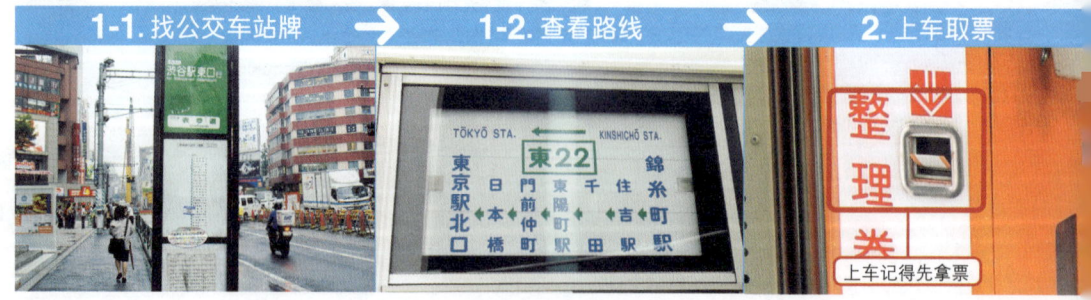

1-1. 找公交车站牌 → 1-2. 查看路线 → 2. 上车取票

上车记得先拿票

Traveling in Japan

日本交通篇

 Step 2 上车后先拿票(整理券)

后门上车，上车时顺道在整理券发票机先拿一张整理券，整理券上印有号码，代表刚上车的车站。一旦车门关上，发票机也会关闭，要在下一站开门时才会再开，但号码已不同，要付的车费也会不同，所以上车时要赶快取票！

 Step 3 车费看电子车费表投钱

司机上方有电子车费表，它会随着每到一站而改变，固定的号码是车站号码，即整理券上的号码，而红灯闪动的数字即是车费。例如，刚上车时取的是17号整理券，如果要在下一站下车，照车费表所示，下车时要投100日元。电子车费表左侧是下一站的停站名称。

整理券

Step 4 按铃下车，交回整理券并投车费

下车时，只要按铃就可以，前门下车时，将整理券连同车费放入投币机。如果没有零钱，只要将纸币送入投币口，零钱就会自动找换出来。

公交车设备解析

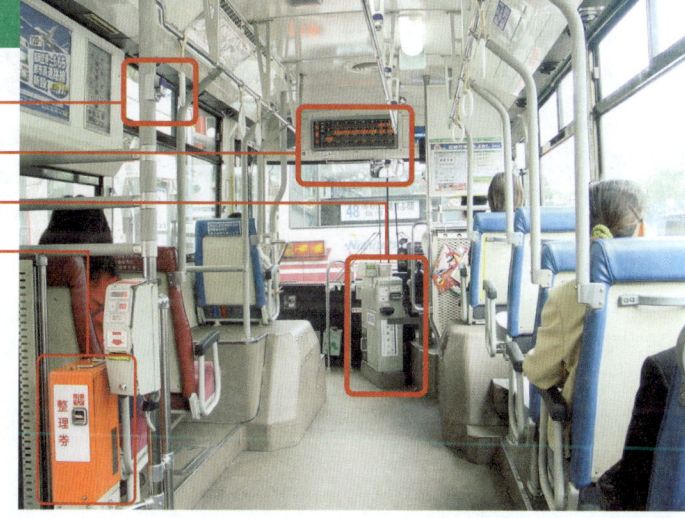

- 下车铃
- 电子车费表
- 下车投币机
- 整理券发票机

东京搭公交车小提醒

车费固定，上车先投钱

东京的公交车刚好与日本各地大部分的公交车系统相反，是前门上车，后门下车的，上车先投钱，固定路线有固定金额。

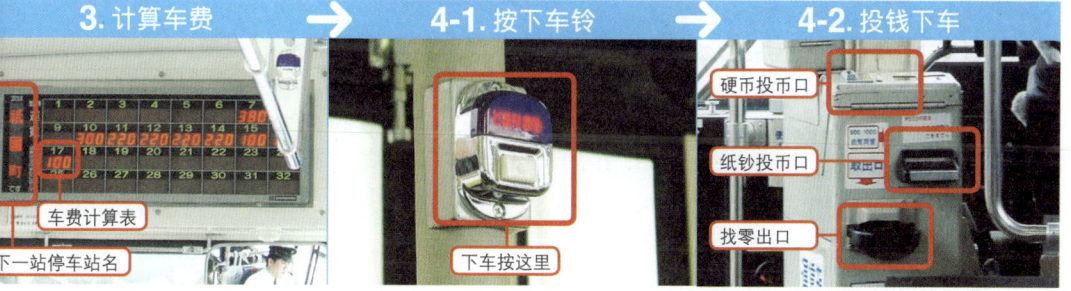

3. 计算车费 → 4-1. 按下车铃 → 4-2. 投钱下车

- 车费计算表
- 下一站停车站名
- 下车按这里
- 硬币投币口
- 纸钞投币口
- 找零出口

如何搭乘长途巴士

很多到东京旅游一周或5天的游客，都有想过花钱买JR Pass就可同时到京都或大阪走一趟的想法，不过，如果愿意挨一下苦头睡巴士的话，巴士的车费不但没有JR Pass贵，反而还可以省下2晚住宿费及2天的日间交通时间（即使是乘坐新干线列车，往返京都、大阪及东京也需8个小时）。另外，在多条夜行巴士之中，也有一种等级较低、价钱较便宜、座位较小，不过还算舒适的"青春Dream号"夜行巴士可供选择，如果仍自认为年轻力强，当然可以吃一下苦头啰。

JR巴士官方网站
查询巴士座位信息、价格及搭车位置
http://www.jrbuskanto.co.jp

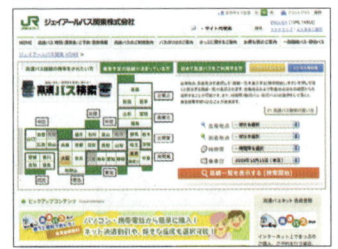

什么时候适合搭乘长途巴士

车上度黑夜，住宿免打理！

除高速但昂贵的新干线连接主要城市之外，还有长途巴士可供选择。虽然搭乘时间较长，但可以选择搭夜行巴士，晚上上车，隔天早晨就可以抵达目的地继续旅程，不但能节省交通费，还能节省住宿费及时间，可谓一举三得。

什么时候可以考虑搭乘长途巴士呢？

1. 如果没有买JR Pass，且只想作东京至其他城市的定点旅游，如京都/大阪，则可以搭乘长途巴士，比购买一张JR Pass或坐一程新干线来得划算。
2. 如果买了JR Pass，也可以搭乘长途巴士，因为某些路线是JR经营的，可以免费乘坐，这方面的信息可向绿色窗口的工作人员询问。

搭长途巴士省钱秘诀

在旅途当中乘坐夜行火车，一向都是笔者省钱省时的秘诀，如北海道地区的多条夜行火车，还有京都至长崎的夜行火车等。不过，若要乘夜车从关东的东京前往京阪神等关西地方的话，可就要选择JR高速夜巴士了。

从东京出发到其他城市

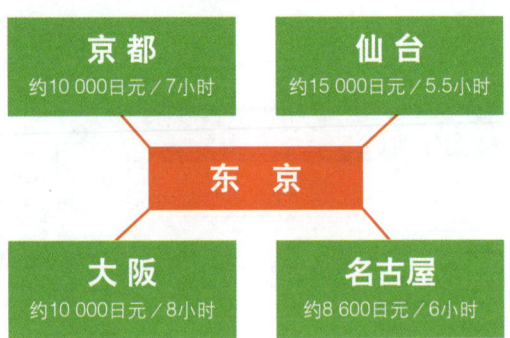

京都 约10 000日元／7小时
仙台 约15 000日元／5.5小时
东京
大阪 约10 000日元／8小时
名古屋 约8 600日元／6小时

因为关东与关西之间的距离，没有北海道区内或是京都至九州的距离那么远，夜间行驶的时间不足以熬上整个晚上，所以两地之间鲜有夜间急行列车行驶，即使是从东京开出的夜间急行列车，京阪神等地都只是中途站，到达时间多在深夜3、4点，甚至在这区不设停靠站的也有。

所以要想以便宜的车费或免费（持JR Pass者免费）乘坐夜车往返东京与京阪神地区之间，JR高速巴士就是个不二之选。

其实，从东京开出的JR高速巴士路线遍布整个本州，不过持JR Pass可以免费搭乘的就只有①东京至名古屋、京都、大阪、神户；②名古屋至京都、大阪之间的路线。

从东京前往关西(京都、大阪、神户)的夜行巴士

巴士路线名称	东京火车站八重洲南口	新宿火车站新南口	京都火车站乌丸口	大阪火车站中央北口	三宫巴士总站(神户)	车费(因座位不同)
プレミアム中央ドリーム1号		22:10		07:02		大阪：8 600~10 500日元
プレミアムドリーム3号	22:00			06:13	07:10	大阪/神户：8 600~10 500日元
プレミアムドリーム5号	22:10		05:38 (06:50停JR奈良火车站)			京都：8 100~10 000日元
プレミアムドリーム7号	22:20			06:23		大阪：8 600~10 500日元
中央ドリーム9号		22:50		07:42		大阪：7 200~8 600日元
ドリーム11号	22:30	23:10	06:39		08:35	京都：6 700~8 100日元 神户：7 200~8 600日元
レディースドリーム513号(只接载女乘客)	22:30	23:10	06:29	07:36		京都：6 700~8 100日元 大阪：7 200~8 600日元
レディースドリーム517号(只接载女乘客)	23:00	23:40	06:59	08:06		京都：6 700~8 100日元 大阪：7 200~8 600日元
ドリーム19号	23:20			07:23		大阪：7 200~8 600日元
青春中央エコドリーム7号		22:30		07:22		大阪：4 300日元
青春ドリーム9号	21:50	22:30	05:59		07:55	京都：5 000日元 神户：5 000日元
青春レディースドリーム511号(只接载女乘客)	22:00	22:40	05:59	07:06		京都：5 000日元 大阪：5 000日元
青春中央ドリーム13号		23:00		07:52 (08:32停大阪环球影城)		大阪：5 000日元
青春中央エコドリーム15号	22:40			06:43		大阪：4 300日元
青春ドリーム17号	22:50		06:18 (07:30停JR奈良火车站)			京都：5 000日元
青春ドリーム19号	23:00			07:03		大阪：5 000日元
青春中央エコドリーム21号		23:30		08:22		大阪：4 300日元
青春エコドリーム25号	23:40			07:43		大阪：4 300日元
青春中央ドリーム27号		23:50	08:10	09:17		京都/大阪：5 000日元

＊以上资料时有变动，出发前请再次确认。

制表／魏国安

从关西(京都、大阪、神户)前往东京的夜行巴士

巴士路线名称	三宫巴士总站(神户)	大阪火车站中央北口	京都火车站乌丸口	新宿火车站东口	东京火车站日本桥口	车费(因座位不同)
ドリーム4号	21:00		23:00	06:34	07:04	京都：6 700～8 100日元 神户：7 200～8 600日元
中央ドリーム6号		21:50		06:49		大阪：7 200～8 600日元
プレミアムレディースドリーム508号(只接载女乘客)		22:00	23:10	06:34	07:04	京都：8 100～10 000日元 大阪：8 600～10 500日元
プレミアムドリーム12号			23:40 (22:25停JR奈良火车站)		07:21	京都：8 100～10 000日元
プレミアムドリーム14号		22:30			06:33	大阪：8 600～10 500日元
レディースドリーム516号(只接载女乘客)		22:50	23:59	07:23	07:53	京都：6 700～8 100日元 大阪：7 200～8 600日元
プレミアム中央ドリーム18号		23:00		07:59		大阪：8 600～10 500日元
プレミアムドリーム22号	22:30	23:30			07:43	大阪/神户：8 600～10 500日元
ドリーム24号		23:50			07:53	大阪：7 200～8 600日元
青春中央エコドリーム4号		21:30		06:29		大阪：4 300日元
青春レディースドリーム506号(只接载女乘客)		21:40	22:50	06:14	06:44	京都：6 700～8 100日元 大阪：7 200～8 600日元
青春エコドリーム10号		22:10		06:13		大阪：4 300日元
青春中央ドリーム12号		22:20	23:30	08:00		京都/大阪：5 000日元
青春中央エコドリーム14号		22:40		07:39		大阪：4 300日元
青春ドリーム18号	22:00		23:59	07:33	08:03	京都/神户：5 000日元
青春中央ドリーム22号		23:10		08:09		大阪：5 000日元
青春エコドリーム24号		23:20			07:23	大阪：4 300日元
青春ドリーム26号		23:40			07:43	大阪：5 000日元

＊以上资料时有变动，出发前请再次确认。

制表／魏国安

夜行巴士的主要大型乘车站

从东京出发的夜行巴士有两个起点站：JR新宿火车站的新南口下层，以及JR东京火车站的八重洲南口。大阪的乘车站在JR大阪火车站的中央北口、京都的乘车站在JR京都火车站的乌丸口巴士总站。预订及购买、查询车票可到以上车站的JR高速巴士售票处办理。

如何搭出租车

日本的出租车收费比北京高不少，每个县市的起步价和起步车程也不同。23:00之后会有20%的附加费，并亮起绿灯表示夜间计价。计程车车身没有颜色区分，有个人营运及公司营运两种。司机大多数会停靠在火车站旁或出租车站等候乘客；电话叫车要收20%的附加费，车身以黄灯识别。有需要可以先上taxisite网站（www.taxisite.com/far）查询计价方式与大致价格。

出租车的灯牌

乘出租车小提醒

搭车前准备地址小抄写

由于日本门牌号码的排列顺序规则与国内有些不同，所以有时出租车司机也未必能清楚地址，再者，日本司机有可能不懂中文或英文，建议上车前先用日文或汉字写下地址给司机，或者事先查好地址预备好地图以备不时之需。

应用日语 あいうえお

实用单词

火车 / 電車 / densha
地铁 / 地下鉄 / chikatetsu
公交车 / バス / basu
出租车 / タクシー / takushi
路面电车 / 路面電車 / romen densha
游览观光船 / 遊覧船 / yuuransen
车票 / 切符 / kippu
单程车票 / 片道切符 / katamichi kippu
往返车票 / 往復切符 / oufuku kippu
卧铺车 / 寝台車 / shindaisha
急行列车 / 急行列車 / kyuukou ressya
特急列车 / 特急列車 / tokkyuu ressya
普通列车 / 普通列車 / futsuu ressya
检票口 / 改札口 / kaisatsuguchi
满座 / 満席 / manseki
售票处 / 切符売り場 / kippu uriba
自动售票机 / 切符販売機 / kippu hanbaiki
自由席位 / 自由席 / jiyuu seki

指定席位 / 指定席 / shitei seki
禁烟席 / 禁煙席 / kin en seki
列车终点站 / 行先 / ikisaki
头等座位 / グリーン車 / gurin sha
列车编号 / 列車番號 / ressya bangou
列车发车站台编号 / 発車番線 / hassha bansen
列车到站站台编号 / 着発番線 / chakuhatsu bansen
乘车站台 / 番線／ホーム／のりば / bansen / homu / noriba
列车进入站台时间 / 入線時刻 / nyuusen jikoku
列车行驶路线的出发车站 / 始発 / shihatsu

费用 / 料金 / ryoukin
吸烟席 / 喫煙席 / kitsu en seki
换乘车 / 乗り換え / norikae

上行、下行列车

表示列车行驶方向，以东京站为基准，朝东京方向行驶为上行，背向东京方向行驶为下行。如福冈至新大阪是上行，新大阪至福冈是下行；青森至盛冈是上行，盛冈至青森是下行。

以JR Pass预订车票

(今天／明天／后天／？月？日) 开始使用JR Pass。
(今日／明日／明後日／？月?日) から JR Pass を 使います。
(kyou／ashita／asatte／? getsu? nichi) kara JR Pasu wo tsukaimasu。

我有JR Pass。
JR Pass を 持っています。
JR Pasu wo motteimasu。

我可以用JR Pass搭乘此趟列车吗？
この 列車 に JR Pass で 乗れますか？
kono ressya ni JR Pasu de noremasuka?

我需要额外付费吗？
追加料金 を 払えば いいのですか？
tsuikaryokin wo haraeba iinodesuka？

额外付多少费用？
追加 料金 が 必要 ですか？
tsuika ryoukin ga hitsuyou desuka?

在绿色窗口预订车票

我想预订到(京都)的列车车票。
(京都) 行 の 列車 を 予約 したい のですが。
(kyoto) yuki no ressya wo yoyaku shitai nodesuga。

这趟列车需要预订车票吗？
この 列車 は 予約 したほうがいい ですか？
kono ressya wa yoyaku shitahougaii desuga。

我想到(京都)，请告诉我列车时刻表。
(京都)へ いきたいのですが、列車 の 時刻 を 教えてください。
(kyoto) he ikitai no desuga, ressya no jikoku wo oshiete itadakemasenka？

前往(京都)的(第一班／末班)列车是几点？
(京都) 行 の (始発／最終) は 何時 ですか？
(kyoto) yuki no (shihatsu／saisyuu) wa nanji desuka？

下一班前往(京都)的列车几点发车？
次 の (京都) 行き は 何時 ですか？
tsugi no (kyoto) yuki wa nanji desuka。

列车何时到达(京都)呢？
(京都) には 何時 に 到着 しますか？
(kyoto) niwa nanji ni touchaku shimasuka。

需要换乘吗？
乗り換え が 必要 ですか？
norikae ga hitsuyou desuka。

有(早／晚)一点的换乘车吗？
この 列車 より もっと (早い／遅い) の は ありますか？
kono resshya yori motto (hayai／osoi) no ha arimasuka。

在哪里换车呢？
どこで 乗り換える の ですか？
dokode norikaeru no desuka？

请给我(禁烟席／自由席／指定席)。
(禁煙席／自由席／指定席) に してください。
(kinen seki／jiyuu seki／shitei seki) ni shitekudasai。

我想预订(18:00)以前到达(京都)的列车车票。
(京都) へ (18:00)までに、到着する 電車を予約 したいの ですが。
(kyoto)he (18:00)madeni, touchaku suru densha wo yoyaku shitaino desuga。

请给我两张明天到(京都)的(单程／往返)车票。
明日 の (京都) 行 (片道／往復) 切符 を 2枚 ください。
ashita no (kyoto) yuki (katamichi／oufuku) kippu wo 2 mai kudasai。

请问车票几日内有效？
切符 は 何日間 有効 ですか？
kippu wa nannichikan yuukou desuka？

车票可以退吗？
切符 の 払戻し は できますか？
kippu no haraimodoshi wa dekimasuka？

可以中途下车吗？
この 切符 で 途中 下車 は できますか？
kono kippu de tochuu gesha wa dekimasuka？

我想改搭下一班车。
次 の 列車 に 変更 したいの ですが。
tsugi no ressya ni henkou shitaino desuga。

在站台上候车

前往(京都)的列车，在几号站台发车？
(京都) 行 の 列車 は 何番 ホーム ですか？
(kyoto)yuki no ressya wa nanban homu desuka。

请问新干线列车的闸口在哪里？
新幹線 の 改札口 は どこですか？
shinkansen no kaisatsuguchi wa dokodesuka？

请问列车还有多久到达？(出示车票)
この 切符 の 列車 は あと どのくらい で 来ますか？
kono kippu no ressya wa ato donokurai de kimasuka？

请问这趟列车从哪一个站台发车呢？(出示车票)
この 列車 は 何番 ホーム から 出ますか？
kono ressya wa nanban homu kara demasuka？

请问这趟列车是前往(京都)的吗？
この 列車 は (京都) 行ですか？
konk ressya wa (kyoto) yukidesuka？

这是前往(京都)列车的站台吗？
(京都) 行きは この ホーム でいいんですか？
(kyoto) yuki wa kono homu deiindesuka？

在车厢内

我想这里应该是我的座位。
ここ は 私 の 席だ と思います。
koko wa watashi no sekida toomoimasu。

(5)号车厢在哪里？
(5)号車 は どこですか？
(5)gousha wa dokodesuka？

(4B)座位在哪里？
(4B) の 席 は どこですか？
(4B) no seki wa dokodesuka？

这个座位有人吗？
この 席 は 空いてますか？
kono seki wa aiteimasuka？

洗手间在哪里？
お手洗い は どこですか？
otearai wa dokodesuka？

这里是哪一个车站?
ここ は 何という 駅 ですか?
koko wa nantoiu eki desuka?

下一个车站在哪里?
次 は 何という 駅 ですか?
tsugi wa nantoiu eki desuka?

请在抵达(京都)之前通知我。
(京都) に 着く 前 に 教えて ください。
Kyoto) ni tsuku mae ni oshiete itadakemasenka?

请问还要多久到达(京都)?
あと どれくらい で (京都) に 到著 しますか?
Ato dorekurai de (kyoto) ni touchaku shimasuka?

何时到达(京都火车站)呢?
(京都駅) には 何時 に 着きますか?
(kyoto eki) niwa nanji ni tsukimasuka?

车厢内有饮品或小吃吗?
車内販売 は ありますか?
Shanaihannbai wa arimasuka?

搭公交车

请给我一张公交车路线图。(大型公交车站内／地区观光服务中心)
バス の 路線図 を ください。
basu no rosenzu wo kudasai。

请给我一张一日票。
一日 乗車券 を ください。
ichinichi joushaken wo kudasai。

公交车大约多久一班?
どれくらい の 間隔 で 運行 していいますか?
dore kurai no kankaku de uhkou shiteiimasuka?

下一班公交车是什么时候?
次 の バス は 何時 ですか?
tsugi no basu wa nanji desuka?

前往(函館山)的公交车是哪一个站?
(函館山) で降りる バス停 は いくつ目 ですか?
(hakodatee yama) deoriru basutei wa ikutsu me desuka?

我在下一站下车。
次 で 降ります。
tsugi de orimasu。

到(函館山),应该在哪里下车?
(函館山) へ いくには どこ で 降りたら いいですか?
(hakodatee yama) he ikuniha doko de oritara iidesuka?

(函館山)是第几个公交车站?
(函館山) は いくつ 目 の バス停 ですか?
(hakodatee yama) wa ikutsu me no basutei desuka?

如果到了(函館山),请告诉我。
(函館山) に 着く前に 教えて ください。
(hakodatee yama) ni tsukumaeni oshiete itadakemasenka。

这辆公交车是前往(函館山)吗? (问司机)
この バス は (函館山) に 行きますか?
kono basu wa (hakodatee yama) ni ikimasuka?

请问还有最后的一班公交车吗?
最終 バス は まだ ありますか?
saisyu Basu wa mada arimasuka?

将车费放在这里就可以吗?
ここ に 料金 を 入ればよいのですか?
Koko ni ryoukin wo irebayoinodesuka?

搭出租车

请帮我叫一辆出租车。(在酒店／旅馆)
タクシー を 呼んで ください。
takushi wo yonde kudasai。

麻烦到这里。(向司机展示写有地址的名片)
ここ へ 行って ください。
koko he itte kudasai。

到(东京火车站)大概需要多久?
(東京駅) まで どれ くらい の 時間 が かかりますか?
(tokyo eki) made dore kurai no jikan ga kakarimasuka?

到(东京火车站)大概需要多少钱呢?
(東京駅) まで どのぐらい の 金額 で 行きますか?
(tokyo eki) made donogurai no kingaku de ikimasuka?

请到(东京火车站)。
(東京駅) へ 行って ください。
(tokyo eki) he itte kudasai。

我要在(10:00)之前到达。
(10:00) まで に 着かなく てはなりません。
(10:00) made ni tsukanaku tehanarimasen。

请帮我把行李放到车箱内。
荷物 は トランク に 入れてください。
nimotsu wa toranku ni iretekudasai。

请开一下空调。
エアコン を 入れて下さい。
eakon wo iretekudasai。

我可以开(关)窗吗?
窓 を 開け (閉め) てもいいですか?
mado wo ake (shime) temoiidesuka?

请快一点儿。
急いで ください。
isoide kudasai。

我在这里下车。
ここ で 降ります。
koko de orimasu。

请在下条街(左／右)转。
次 の 角 を (左／右) に 曲がって ください。
tsugi no kado wo (hidari／migi) ni magatte kudasai。

不用找零了。
お釣り は 取って おいてください。
otsuri wa totte oitekudasai。

日本交通篇

开始在日本自助旅行

新宿
しんじゅく
Shinjuku

JR新宿火车站站台

东京、大阪交通篇
Transportation

在东京、大阪如何搭车？

走进东京地铁的天罗地网里、迷失在大阪车站的众多出口之中，都是旅日游客再平常不过的经历。不要怕，跟着书里一步一步的介绍，你的转乘必能得心应手，跟着书里的车站结构图，你马上就能知道身处位置及出口方向。

如何在东京搭火车	**74**
搭JR列车	74
有趣的电车路线	81
搭乘地铁	82
东京的主要电车路线	86
交通票券大解析	88
如何在大阪搭火车	**90**
新大阪车站与大阪车站	90
大阪主要的地铁路线	92

如何在东京搭火车

东京市内有12条JR线、4条市营地铁线、9条营团地铁线，这些也许会令人眼花缭乱，无从看起。其实，五光十色的路线图并不像想象中那么困难。只要清楚自己的：①起点与终点、②行走路线、③地铁还是JR火车、④不同路线的交接点等，就可手持各大小车站都有免费发送的东京路线图轻松出游了。

搭JR列车

如何搭JR列车

 Step 1 看路线图确定要投多少钱

在售票机上或售票处旁边的路线图上确认到目的地的票价。

 Step 2 按选择键购票、取票

在售票机上先选：①票种、②票价、③车票张数，然后投入硬币或纸币，取回零钱及车票。

 Step 3 按照路线号码及颜色找站台

很多时候，一个车站有多条路线通过，一定要记住自己搭乘的路线号码，然后按照指示前往路线的"のりば"，即该路线的"乘车站台"。

 Step 4 先确认列车行驶方向

进入站台前，先要弄清楚列车的行驶方向(日语：方面)。例如，山手线是一个循环线，但也分左右回环的方向，如果在东京站上车，会分品川、涩谷方向或池袋方向，如到上野，就要到往池袋方向的站台上车。就像在北京地铁1号线上的复兴门站乘车，如果去五棵松站就搭苹果园方向的车，而不是往四惠方向的。

Steps 搭JR列车步骤

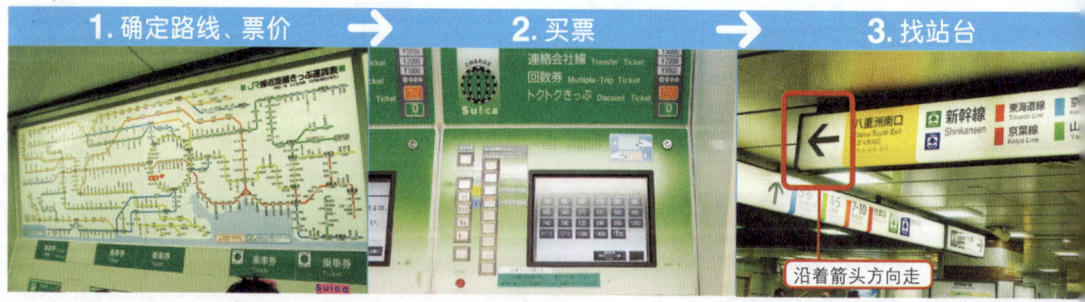

1. 确定路线、票价 → 2. 买票 → 3. 找站台

沿着箭头方向走

Traveling in Japan

东京、大阪交通篇

Step 5 再确认列车从哪个方向进站

候车时，确认列车是从哪个方向进站。

Step 6 看电子板确定等待时间

从电子板上可以知道列车还有多长时间到站。

自动购票机

- JR线列车标志
- 可用币种标示
- 英语屏幕显示切换键
- 取消键
- 投币金额显示屏幕
- 卡片插入口

- ① 票种选择键
- ② 购票张数选择键
- ③ 购票区间票价选择键
- ④ 硬币投币口
- ④ 纸钞投币口
- ⑤ 车票出口
- ⑥ 找零出口

回数券是适合当地居民的日用优惠票，一般游客只需要买普通票，1日乘车票或储值票都可在售票机或售票处购买(票种介绍见p.88～89)

4. 进站台 → 5. 站对方向 → 6. 看班次等车

如何换乘另一线列车

Step 1 牢记换乘的路线名称

到达换乘车站时，只需牢记转乘的路线名称，以及学会"のりかえ"这个解释成"换乘"的日语就无往而不利了。

Step 2 依照指示标前往不同站台

可以按照标板或地上的指示贴标前往不同站台，到达该线站台之前，只需重复乘车步骤即可。

搭乘JR列车小提醒

山手线每站都停

由于山手线是每站都停，不设快速列车，所以怕弄错的话，可以尽量搭乘山手线（而且山手线是环线，就算坐错方向也依然可达目的地，只是要花时间绕一圈）。

注意进站列车类型

确定列车会不会在要去的车站停靠

在站台候车时，可先了解自己所搭的列车是否会在自己想要到的目的地停车。因为各线列车有分作停部分车站的快速列车及各站都停的普通列车，例如，京滨东北线快速线不在神田或日暮里等站停车，那就要持原车票在原站台等该线的普通列车；或考虑到别的站台，换乘其他有到预订目的地的路线列车前往(只要目的地不变，即使改搭别的JR路线列车，票价还是一样的)。

■快速列车：只停靠主要车站　　■普通列车：停靠站较多　　■山手线列车：每站都停

如何精算(补票)

"精算"即"补票"的意思,票价不足就不能出闸口,要到补票机补付票价差额,换过一张精算券才可以。例如原先买的车票只适用于起点站至130日元区间以内的车站,但如果超过区间以外的地方,就需要补付差价才可以出闸口。

自动精算机

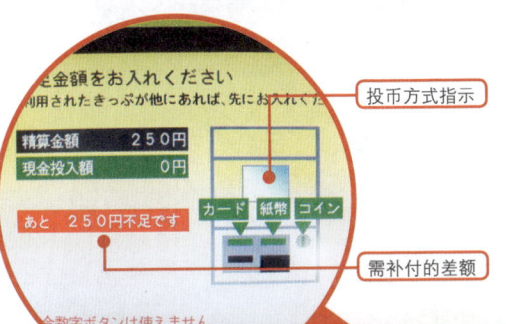

- 投币方式指示
- 需补付的差额

Step 1　计算车费

将原票放入精算机之内,机器便会自动计算出还需付多少差额(可以在放入车票前,选择以英语模式操作)。

Step 2　投币补差价

按照屏幕显示,放入须补足的差价后,精算机便会吐出一张精算券。

Step 3　过票出站

将精算券放入检票机就可以顺利出站了。

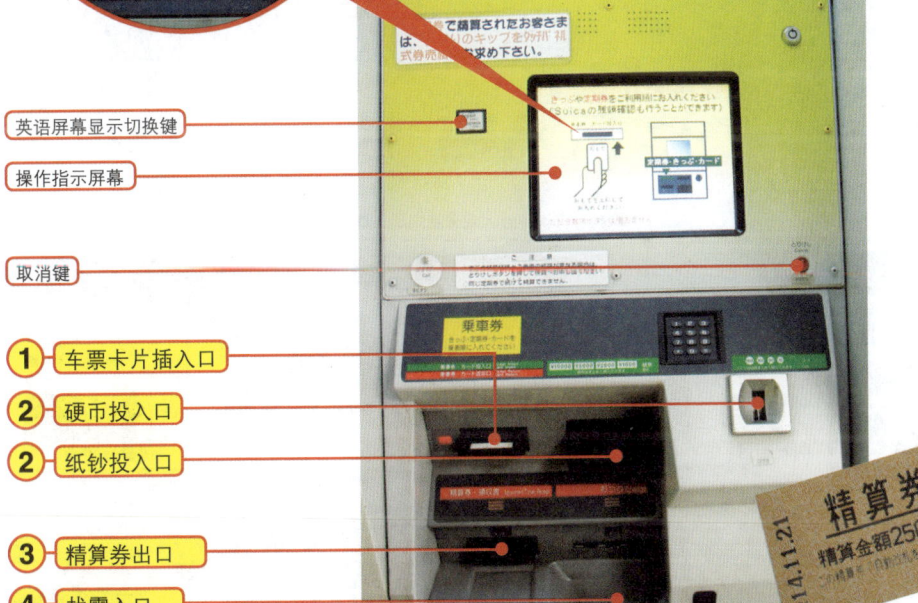

- 英语屏幕显示切换键
- 操作指示屏幕
- 取消键
- ① 车票卡片插入口
- ② 硬币投入口
- ② 纸钞投入口
- ③ 精算券出口
- ④ 找零入口

东京、大阪交通篇

Traveling in Japan

新宿火车站解析

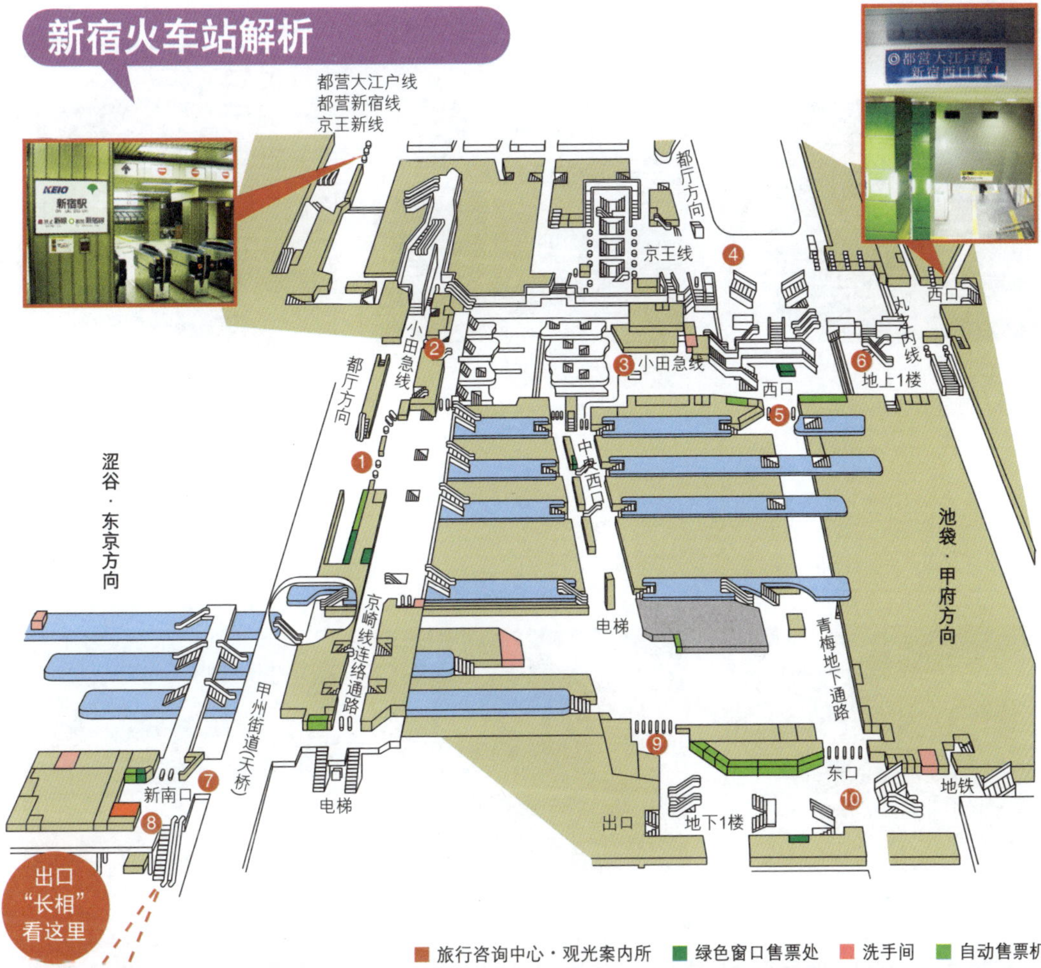

都营大江户线
都营新宿线
京王新线

东京、大阪交通篇

■ 旅行咨询中心·观光案内所　■ 绿色窗口售票处　■ 洗手间　■ 自动售票机

游客最常乘坐的JR火车路线

山手线
是东京市中心内循环的路线，连贯大部分主要旅游区域，如池袋、新宿、涩谷、原宿、东京、秋叶原、上野、日暮里等，共29站。环绕一周约需1小时，是东京旅游时最常搭乘的路线。

搭乘人气No.1！

京滨东北线
是连接大宫与横滨之间的路线，主要行驶于东京市中心东边的区域。与山手线交叉的车站有品川、滨松町、新桥、有乐町、东京、神田、秋叶原、上野、日暮里等。

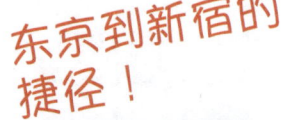

东京到新宿的捷径！

中央线
由东京开出，前往东京西边的近郊区域，也是将山手线从中一分为二的路线。要前往神田、御茶水、饭田桥、四谷等中央部分的地方，或是想用较短时间从东京至新宿，可搭乘此线。

中央总武线
这是将整个东京分为上下两半的路线，车站比中央线要多，但速度较慢，主要车站有锦系町、两国、浅草桥、秋叶原、御茶水、新宿等。

崎京线
这是连接大宫至惠比寿、行驶于东京西边区域的路线，与山手线连接的有惠比寿、涩谷、新宿、池袋等。期间可于涩谷换乘东急东横线至代官山，而终点站惠比寿只与"惠比寿花园广场"距离5分钟步程。

东海道本线
东京市内的主要停车站为东京、新桥及品川，可于东京及品川站换乘新干线列车及山手线。东海道本线一向广为游览东京附近景区如横滨、箱根或伊豆的游客使用，没有购买JR Pass的游客可乘此线路作一天往返的行程，沿途停靠车站有横滨、小田原、热海等。

京叶线
连接东京车站至千叶区，途经葛西临海新区方向，如葛西临海公园，以及前往迪斯尼乐园的下车车站舞滨。

畅游迪斯尼乐园必搭！

有趣的电车路线

都电荒川线路面电车

游览下町的另一个选择

大正二年(1913年)开始发展的路面电车网络之一，经大量淘汰后，由全盛时期的40条路线减少到现在唯一的一条。都电荒川线共有29个车站，行驶于三k轮桥至早稻田之间，是游览下町的另一个选择。途中停靠站与东京都内其他陆上交通相连的有：

1) 东池袋四丁目 ⟷ 营团有乐町线东池袋地铁站
2) 大冢站前 ⟷ JR山手线的大冢火车站
3) 王子站前 ⟷ JR京滨东北线的王子火车站
4) 町屋站前 ⟷ 营团地铁千代田线的町屋站
　　　　　　私铁京成本线的町屋站

东京单轨铁道列车

前往羽田机场的另一铁道

除了从品川发车的京滨急行本线之外，这是前往羽田机场的另一铁道，起站为滨松町，途经天王洲及大井竞马场前。

百合海鸥号列车

连接东京与临海

这是连接东京与临海的主要交通路线，列车为无人驾驶电车，共有11个车站，全程约需26分钟。与山手线连接的车站有起点站——新桥，主要停靠站有日之出、お台场海滨公园、台场富士电视台、船之科学馆、青海等。

东京临海高速铁道

行驶于新木场与大崎之间

这是行驶于新木场至大崎之间的新开发铁道，起点站与终点站都分别连接JR京叶线及JR山手线。

相关网站看这里

都电荒川线
www.kotsu.metro.tokyo.jp/toden/index.html
百合海鸥号 www.yurikamome.co.jp
东京单轨铁道列车 www.tokyo-monorail.co.jp
更多关于乘坐单轨铁道列车往返羽田机场及东京市区的资料，详见p.40。

搭乘地铁

东京地下铁系统分为东京地下铁、都营地下铁两种，如果起点站和终点站都属同一系统时，则换乘较为简便；但如果两者分属不同路线系统的话，就要在换乘时再一次买票入闸，除非使用两系统路线都通用的储值车票或1日乘车票。

如何搭乘地下铁

 Step 1　找搭乘路线的地铁入口

在地铁站入口前确认搭乘路线(不同颜色代表不同路线)。

 Step 2　确认票价

在售票机上或售票处旁边的路线图上确认到目的地的票价。

 Step 3　按选择键购票、取票

先投入硬币或纸币，然后在售票机上选：①票种、②票价、③车票张数、④成人或儿童票，就可找回零钱，取回车票。

 Step 4　依照指示到乘车站台

很多时候，一个车站有多条路线，要牢记自己要搭乘的是哪一条线，然后按照指示前往路线的"のりば"，即该路线的"乘车站台"。

 Step 5　确定列车行驶方向

进入站台前，先弄清楚列车的行驶方向。可以根据站台入口的指示牌，确定要往左还是右边的站台。方法很简单，有红点的是现在所处的车站，只要目的车站在红点的右边，那就前往右边站台等车。

 Step 6　下车后按出口号码出站

出闸到达目的地后，可以从地图上找到出口号码，再出车站。

Steps　搭地铁列车步骤

1. 找对地铁入口 → 2. 确认路线及票价 → 3. 买票

自动购票机

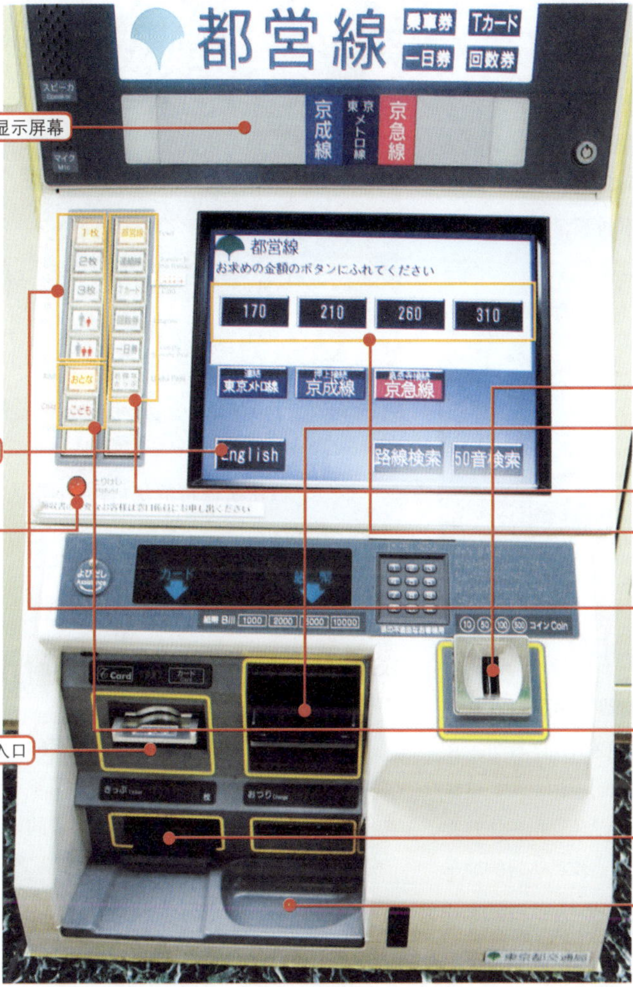

什么时候适合买储值卡车票和1日乘车票?

如果计划在一天内前往多个地方,而且距离较远,那一定得买一张1日乘车票,这样既可以省去重复买票的麻烦,还省钱。如果喜欢慢慢游览,要花一整天的时间在同一区逗留,就可以买储值卡车票!唯一要注意的是,不要买储值金额太大的车票,免得回国时还没用完。

- 电车路线显示屏幕
- 英文界面
- 取消键
- 储值卡插入口
- 硬币投币口 ①
- 纸钞投币口 ①
- 票种选择键 ②
- 购票区间票价选择键 ③
- 购票张数选择键 ④
- 成人及儿童票选择键 ⑤
- 车票出口 ⑥
- 找零出口 ⑦

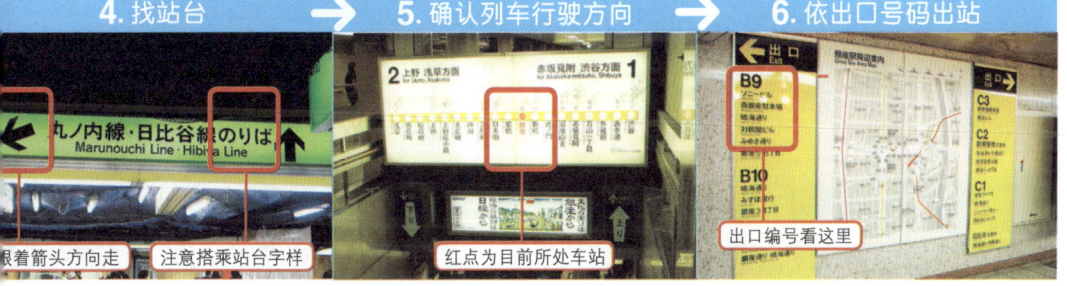

4. 找站台 — 跟着箭头方向走 / 注意搭乘站台字样

5. 确认列车行驶方向 — 红点为目前所处车站

6. 依出口号码出站 — 出口编号看这里

如何换乘另一线列车

Step 1 中途如果要转线

要转线的话，在到达换乘车站时，只要牢记换乘的路线名称，以及学会"のりかえ"这个解释为"换乘"的日语，就无往而不利了。可以按照标板或地上的指示贴前往不同站台。

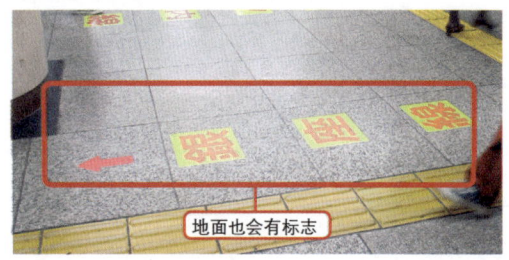
地面也会有标志

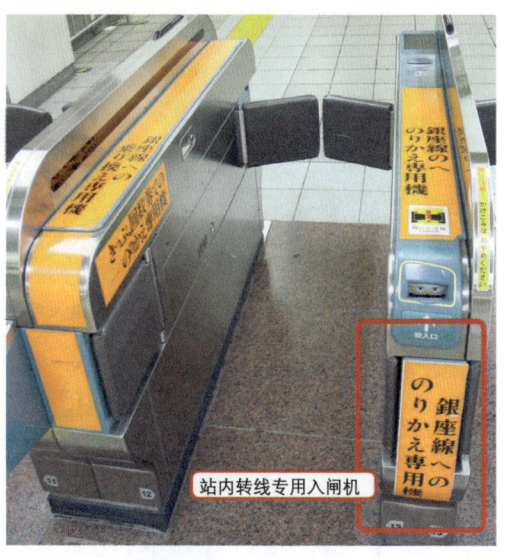
站内转线专用入闸机

不过，假使所使用的是1日乘车票的话，就不用担心出现这种情况。有什么问题的话，可以去求助检票口旁边的乘客服务柜台。

Step 2 站内转线，请找橘色入闸机

由于有些车站太大，包含路线太多，所以有时候需要先出闸口，再到另一个入闸口入闸转车。在这种情况下，转乘的闸口会以橘色明显标出来，这种入闸机不会将车票"吃掉"，会"吐还"给你作转乘再入闸用。如果入错入闸机，便会当作抵达目的地车站看，就会将你的票"吃掉"。

Step 3 换乘有时需要走出地面

换乘有时需要走出地面，到邻街的地铁站乘车（参考下面转乘步骤图示）。这种情况多出现在新旧地铁路线相交的换乘点上，由于新建的地铁站线未能在地下跟旧路线的车站打通，所以需要走出地面，再前往邻街的地铁站换车。

Steps 出站至邻街换乘步骤

1. 从专用出闸口出闸 → 2. 按箭头方向换乘 → 3. 依标示指引出站

如何精算(补票)

如果在乘车途中临时改变下车站，而该站的票价与你的车票价不同的话，就需要补付差价出站。可以使用入闸机旁的精算机补钱，只要按下“ENGLISH”，就可以用英语说明操作，如果还不清楚，可到闸口旁边的询问处查询。

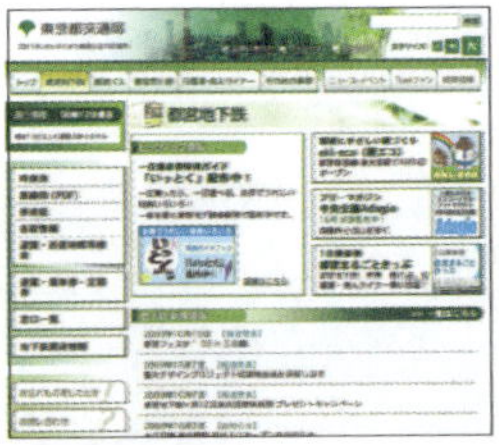

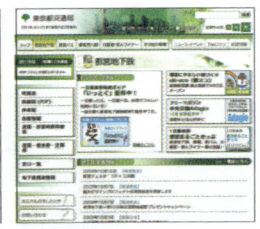

东京地铁

www.tokyometro.jp

都营地铁

www.kotsu.metro.tokyo.jp/subway

自动精算机

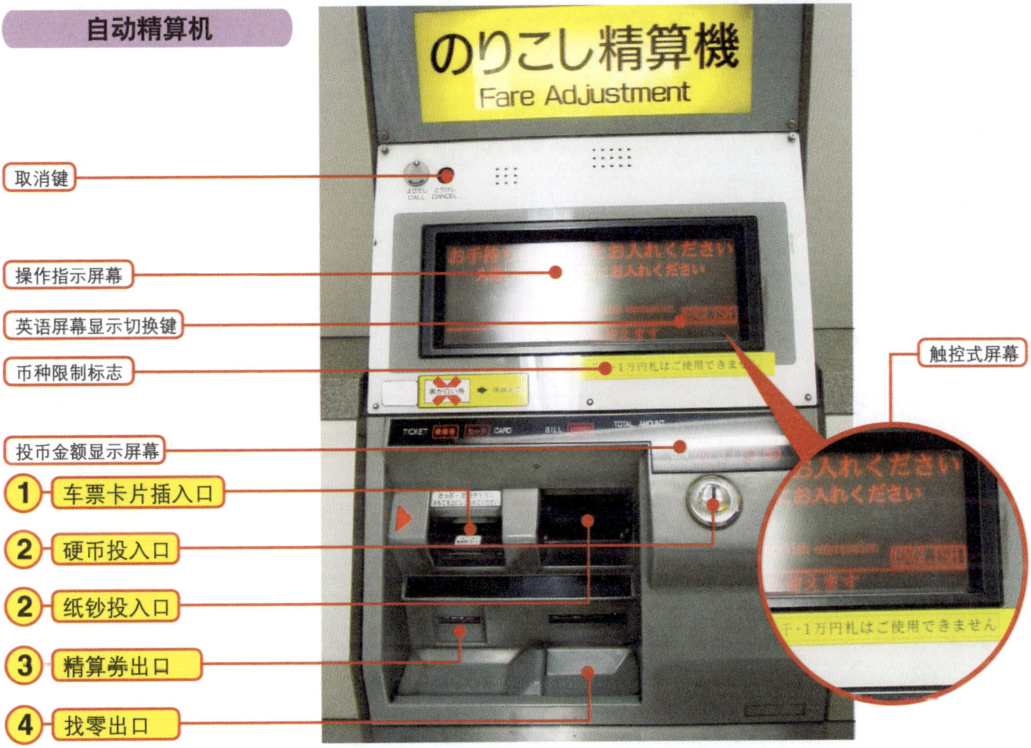

のりこし精算機
Fare Adjustment
取消键
操作指示屏幕
英语屏幕显示切换键
币种限制标志
投币金额显示屏幕
1 车票卡片插入口
2 硬币投入口
2 纸钞投入口
3 精算券出口
4 找零出口
触控式屏幕
千·1万円札はご使用できません

4. 看指示牌方向前进

都営浅草線蔵前駅
Asakusa Line Kuramae Sta.
都営大江戸線蔵前駅
Ōedo Line Kuramae Sta. 170m

5. 跟着路牌走

6. 到达换乘车站

蔵前駅

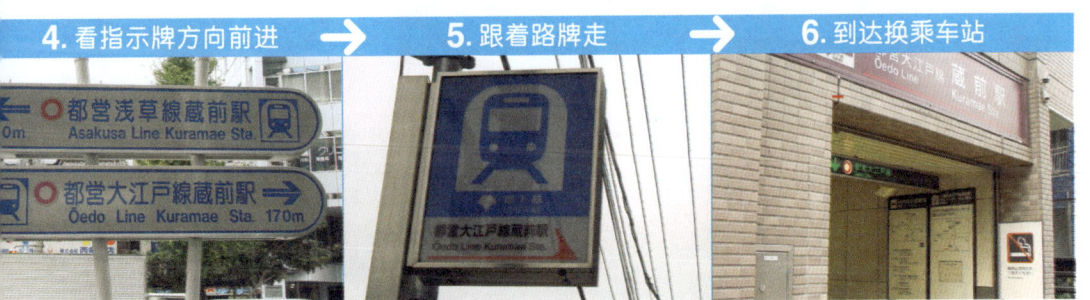

东京的主要电车路线

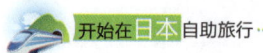

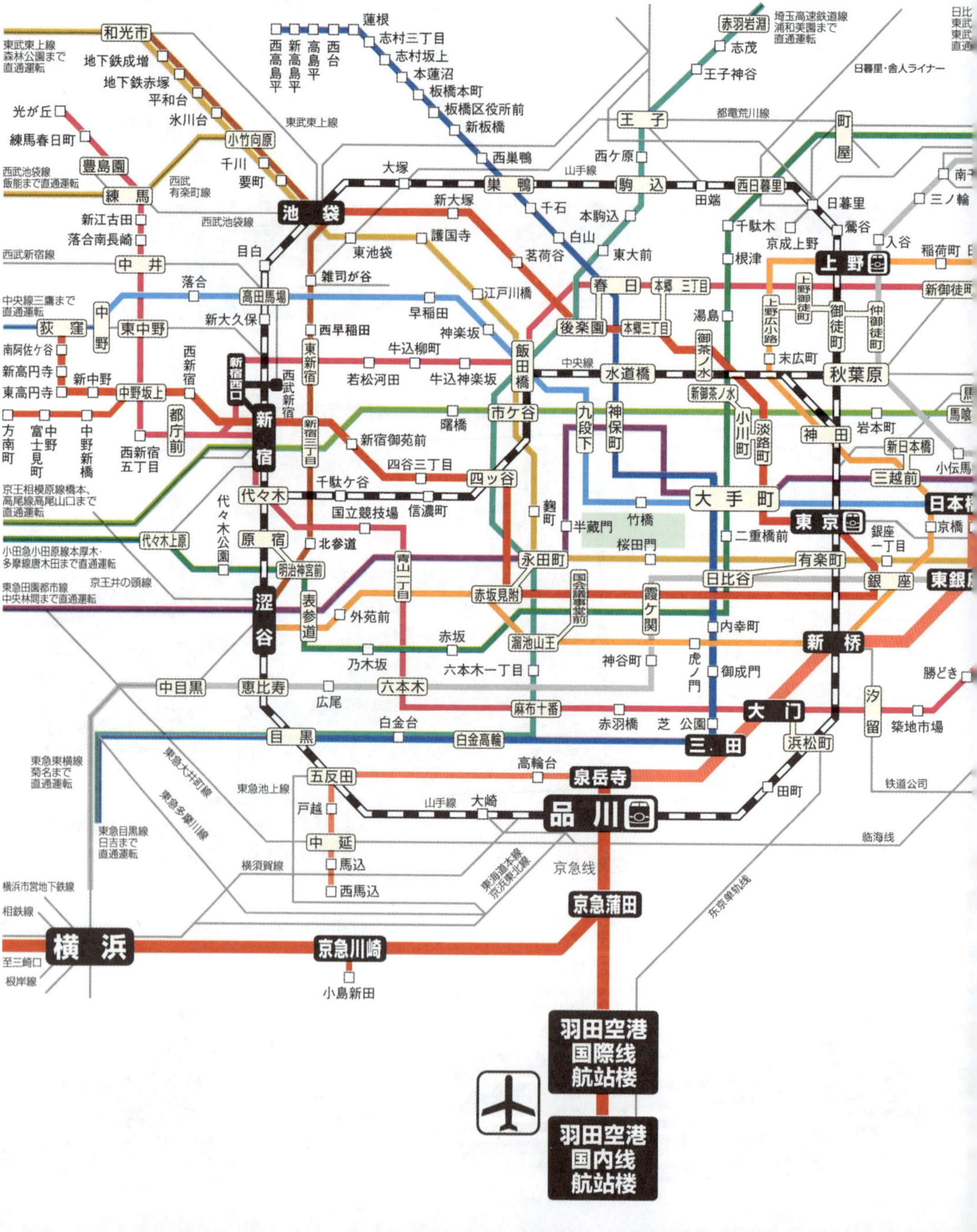
和光市
東武東上線
森林公園まで
直通運転
地下鉄成増
地下鉄赤塚
平和台
氷川台
光が丘
練馬春日町
小竹向原
千川
要町
豊島園
西武池袋線
飯能まで直通運転
西武
有楽町線
練馬
新江古田
落合南長崎
西武池袋線
西武新宿線
中井
目白
池袋
東池袋
護国寺
新大塚
大塚
東武東上線
西高島平
新高島平
高島平
西台
蓮根
志村三丁目
志村坂上
本蓮沼
板橋本町
板橋区役所前
新板橋
西巣鴨
巣鴨
千石
山手線
駒込
西ケ原
王子
王子神谷
志茂
赤羽岩淵
埼玉高速鉄道線
浦和美園まで
直通運転
日暮里・舎人ライナー
都電荒川線
町屋
西日暮里
田端
日暮里
三ノ輪
千駄木
京成上野
鶯谷
入谷
稲荷町
根津
上野
本駒込
白山
茗荷谷
東大前
雑司が谷
江戸川橋
春日
本郷三丁目
湯島
上野御徒町
上野広小路
御徒町
仲御徒町
新御徒町
末広町
秋葉原
落合
高田馬場
早稲田
中央線三鷹まで
直通運転
中野
荻窪
東中野
新大久保
西早稲田
神楽坂
後楽園
飯田橋
中央線
水道橋
御茶ノ水
新御茶ノ水
南阿佐ケ谷
新高円寺
東高円寺
新中野
中野坂上
西新宿
新宿西口
西武新宿
東新宿
牛込柳町
若松河田
牛込神楽坂
方南町
中野富士見町
中野新橋
西新宿五丁目
都庁前
新宿
新宿三丁目
新宿御苑前
曙橋
市ケ谷
九段下
神保町
小川町
淡路町
神田
岩本町
新日本橋
三越前
小伝馬
京王相模原線橋本、
高尾線高尾山口まで
直通運転
代々木
千駄ケ谷
四谷三丁目
四ッ谷
国立競技場
信濃町
麹町
半蔵門
竹橋
桜田門
大手町
東京
二重橋前
京橋
銀座一丁目
日本橋
代々木上原
代々木公園
原宿
北参道
青山一丁目
永田町
国会議事堂前
霞ケ関
日比谷
有楽町
銀座
東銀座
小田急小田原線本厚木・
多摩線唐木田まで直通運転
京王井の頭線
明治神宮前
東急田園都市線
中央林間まで直通運転
渋谷
表参道
外苑前
赤坂見附
溜池山王
内幸町
新橋
乃木坂
赤坂
六本木一丁目
神谷町
虎ノ門
御成門
勝どき
中目黒
恵比寿
広尾
六本木
麻布十番
赤羽橋
芝公園
大门
汐留
築地市場
白金台
目黒
白金高輪
三田
浜松町
東急東横線
菊名まで
直通運転
東急大井町線
東急多摩川線
東急池上線
五反田
高輪台
泉岳寺
田町
铁道公司
戸越
山手線
大崎
品川
中延
東急目黒線
日吉まで
直通運転
横須賀線
馬込
西馬込
東海道本線
京浜東北線
京急线
临海线
东京单轨线
横浜市営地下鉄線
相鉄線
京急蒲田
横浜
至三崎口
根岸線
京急川崎
小島新田
羽田空港
国際线
航站楼
羽田空港
国内线
航站楼

Traveling in Japan

东京的车站内大多都会有随身携带的东京电车地图可供免费索取，建议大家随身准备一张

大江户线

游览东京下町区域的最佳选择。与山手线连接的有上野御徒町站(JR御徒町火车站)、新宿西口站(JR新宿火车站)、代代木站、大门站(JR滨松町火车站)；其他主要停靠站有藏前站、两国站、木乡三丁目站、春日站、森下站、月岛站、筑地市场站等下町名所。

新宿线

与山手线连接的只有新宿站，其他主要停车站有神保町站、小川町站等。

三田线

与山手线连接的有巢鸭站；其他停靠站有春日站、神保町站、大手町站、日比谷站及御成门站。

副都心线

东京最新的地铁路线，以往涩谷、新宿及池袋这三个东京都西部的副都心，只有JR山手线连接着，自从副都心线营运以后，来往上述三地，又多了一个选择。同时自2013年3月起，副都心线连接东急东横线，可直达横滨和元町、中华街，更为便捷。加上副都心车站的设计是由日本建筑大师安藤忠雄操刀，所以涩谷车站如同宇宙船一样前卫。

日比谷线

主要行驶于东京东南边的区域，与山手线连接的有上野站、秋叶原站及惠比寿站等；其他主要停靠站有三之轮站(都电荒川线的起点站附近)、人形町站、筑地站、银座站及日比谷站等。

浅草线

这是主要前往浅草方向的地铁路线，与山手线连接的有新宿站、五反田站及大门站(JR滨松町火车站)。其他主要停靠站有浅草站、藏前站、浅草桥站、人形町站、日本桥站、东银座站等。

有乐町线

与山手线连接的有池袋站及有乐町站；其他主要停靠站有樱田门站、银座一丁目站及月岛站。

丸之内线

主要行驶于东京都内中央区域，与山手线连接的车站有池袋站、东京站、新宿站等；其他主要停靠站有后乐园站(东京巨蛋)、银座站、新宿御苑前站等。

银座线

这是主要前往浅草方向的地铁路线，与山手线连接的有上野站、新桥站、涩谷站等；其他主要停靠站有银座站、日本桥站、表参道站等。

交通票券大解析

东京交通储值卡

Suica跟Pasmo这两张交通储值卡，用法与国内的公交卡一样，是一张感应式IC卡，不但可以用于刷卡乘车，还可以购物付款。Suica的标志是一个由铁路组成的西瓜，吉祥物是可爱的企鹅；Pasmo的标志则是粉红色的Pasmo字样，吉祥物是粉红色的机器人。所以，只要有一张Suica或是Pasmo，就可以不用带太多零钱出门，轻松地走遍东京了。

Suica或Pasmo，每张1 000日元，其中500日元为押金，余额不足时需要充值才可继续使用，每次充值单位为1 000日元。回国时，余额用不完的话，可以到车站售票处交还储值卡，可同时取回所剩余额及押金。不过，使用以上两种交通储值卡，有两点需要注意：第一，使用Suica与Pasmo乘车，是原价扣款的，没有特惠价格，如果当天行程使用1日乘车票比较划算的话，则使用1日乘车票比较合适。第二，Suica与Pasmo是一人一卡，不能多人同时使用。

Suica网站
http://www.jreast.co.jp/suica

Pasmo网站
http://www.pasmo.co.jp

Suica卡的吉祥物——企鹅

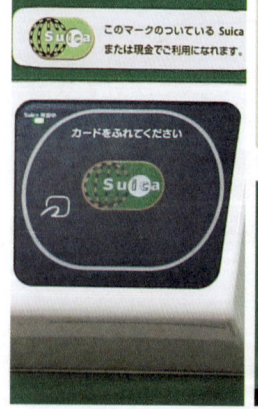

Suica卡的感应器

Pasmo卡

Suica与Pasmo卡都可用的感应器

Suica & N'EX

如果从成田机场前往东京，建议买一张Suica & N'EX优惠套票。套票包括成田特快列车(Narita Express)的车票及一张已存有1 500日元的Suica卡。要知道，一张成田机场去新宿的成田特快列车单程车票，已经要3 000多日元，而这个套票的单程票价不过3 500日元，相当于买车票送Suica卡了，绝对物超所值！

Suica & N'EX套票可以在成田机场第一候机楼和第二候机楼的"JR East旅游服务中心"购买。购买时需出示护照，每人限购一套。往返票有效期为两个星期、单程票的有效期为一天。请谨记，从成田机场去新宿的那一程特快列车，入闸时不要用Suica卡，要用N'EX车票，否则Suica卡内的钱会被扣除。

Suica & N'EX (成人票)	普通车厢	头等(绿色)车厢
往返票	5 500日元	8 000日元
单程票	3 500日元	5 000日元

*以上资料时有变动，出发前请再次确认。

东京1日乘车票

JR东京市区1日乘车票

适用：JR列车
票种：成人730日元
　　　儿童370日元

在指定区域之内，一天内可无限次搭乘JR列车。如果从本区域前往区域外的地方，额外收费则用一个指定范围内车站，与目的站之间的路线车程作计算。车票可于指定区域内任何一个JR火车站售票处购买，若要于区域外的车站购买，则需补足起点站至指定范围之间的车费。

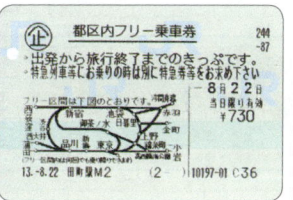

东京地铁1日乘车票

适用：东京地铁系统路线
票种：成人710日元
　　　儿童360日元

持票者可在一天之内无限次搭乘东京地铁系统内的列车，可以在各线车站的自助售票机或售票处购买。

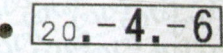

东京自由乘车票

适用：JR列车、东京及都营地铁、都电及巴士
票种：成人1 580日元
　　　儿童790日元

在东京指定范围区域内，持票者可在一天之内无限次搭乘系统内的列车，是一张全面性的东京乘车票。可以在任何一种适用交通工具的营业所购买。

都电1日乘车票

适用：都电荒川线路面电车
票种：成人400日元
　　　儿童200日元

持票者可在一天之内无限次搭乘适用的交通工具，可于任一都电营业所内购买，或者在车内直接向司机购买。

都营巴士1日乘车票

适用：都营巴士
　　　（双层及快速巴士除外）
票种：成人500日元
　　　儿童250日元

持票者可在一天之内无限次搭乘适用的交通工具，可以在都营巴士营业所购买。

百合海鸥号1日乘车票

适用：百合海鸥号
票种：成人800日元
　　　儿童400日元

持票者可在一天之内无限次搭乘百合海鸥号，车票可以在各站的售票处或自助售票机购买。从新桥到台场的单程车票是310日元，往返则为620日元；如果只是要到台场的话，就不用买这种一日乘车票了。

都营·东京地铁1日乘车票

适用：都营、东京地铁系统
　　　路线
票种：成人1 000日元
　　　儿童500日元

持票者可在一天之内无限次搭乘适用的交通工具，可以在都营或东京地铁系统各线车站的自助售票机或售票处购买。

如何在大阪搭火车

大阪是日本的第二大城市，其交通的发展程度、通达度不比东京差，也正因为如此这里的路线系统亦相当复杂，除JR新干线、JR普通火车、8条地铁以外，还有数条连接大阪与邻近地区的私营铁道路线。不过，只要先了解以下几点大阪交通概况，自能轻松游玩。

新大阪车站与大阪车站

两个都是JR车站，不过前者为新干线车站，后者则是大阪市内的火车站。如果乘新干线从日本各地(如东京、九州或关西以外地方)前往大阪的话，是在新大阪车站下车，只要再转乘JR京都线或地下铁御堂筋线，十几分钟就可以返回大阪市中心。

如果乘普通JR火车从京都、神户前往大阪的话，就是在JR大阪车站下车，再转乘JR大阪环状线或地下铁就可前往大阪市中心各景点。

新大阪车站结构

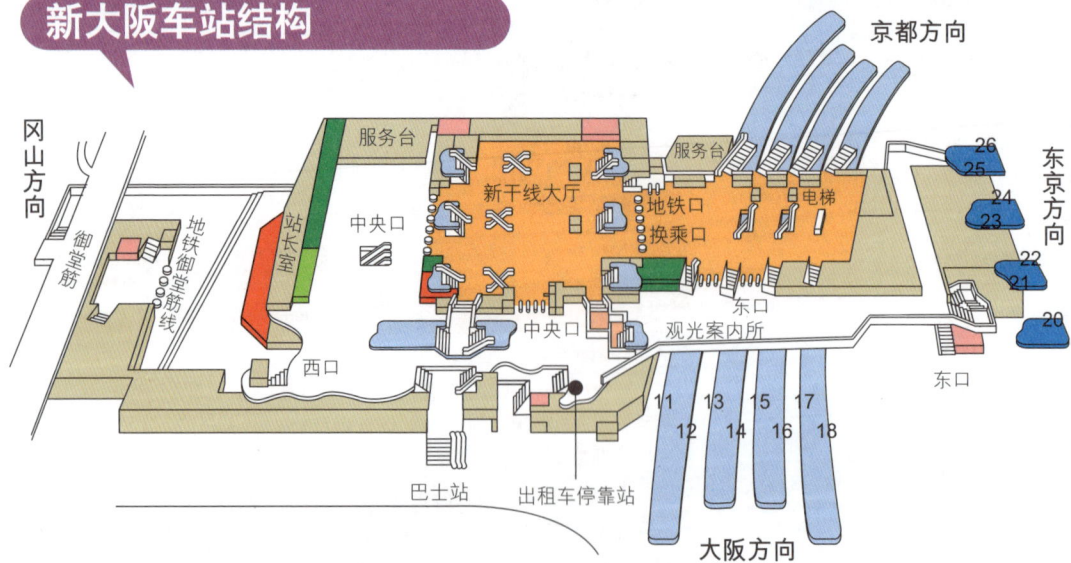

大阪车站解析

 Traveling in Japan

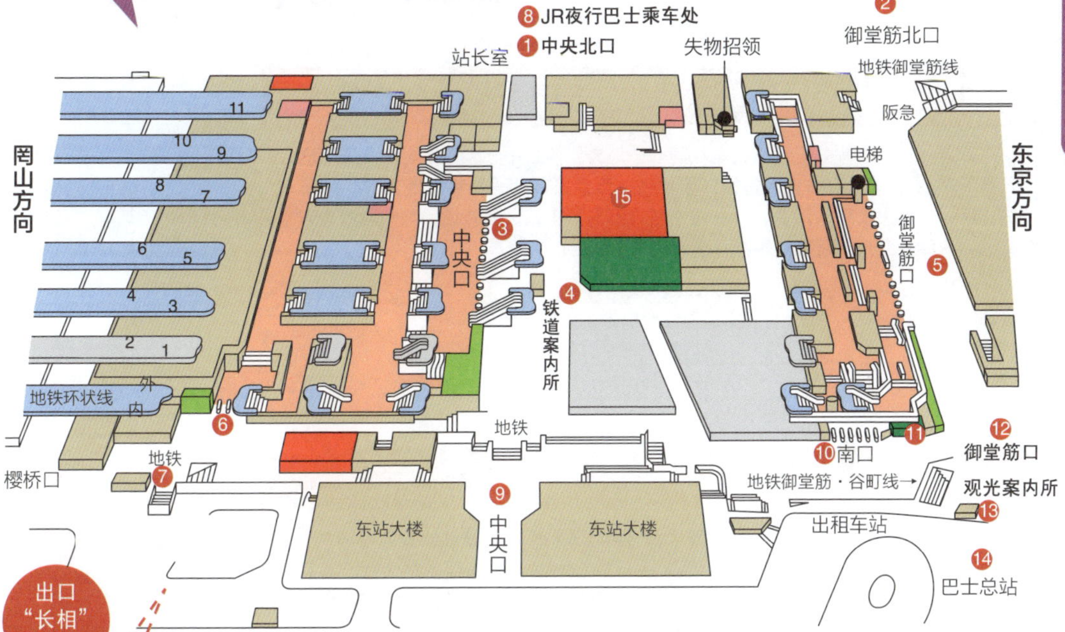

东京、大阪交通篇

- ❶ 中央北口
- ❷ 御堂筋北口
- ❸ 中央口
- ❹ 铁道案内所
- ❺ 御堂筋
- ❻ 地铁环状线
- ❼ 地铁
- ❽ JR夜行巴士乘车处
- ❾ 中央口
- ❿ 南口
- ⓫ 地铁御堂筋・谷町线
- ⓬ 御堂筋口
- ⓭ 观光案内所
- ⓮ 巴士总站
- ⓯ （失物招领）

冈山方向 / 东京方向 / 樱桥口 / 东站大楼 / 出租车站

出口"长相"看这里

图例：■ 旅行咨询中心・观光案内所　■ 绿色窗口售票处　■ 洗手间　■ 自动售票机

① 大阪駅中央北口　② 大阪駅御堂筋北口 Ōsaka Station Midōsuji Gate (North)　③ （检票口）　④ Information　⑤ JR線のりば（御堂筋口）　⑥ 大阪駅樱橋口　⑦ JR高速バスのりば　⑧ JR大阪駅　⑨ 大阪駅中央口　⑩ 南口改札　⑪ みどりの窗口　⑫ 大阪駅御堂筋口 Ōsaka Station Midōsuji Gate　⑬ （商店街）　⑭ （巴士）　⑮ TiS

大阪主要的地铁路线

大阪车站与梅田车站

其实，JR大阪车站与梅田车站在同一个地方，两站相邻，只是名称不同而已，因为JR路线的车站称作大阪车站，而地铁、阪急及阪神等私铁路线则称作梅田车站。所以，如果要转乘的话，会在两个名称不同的车站之间转线，与一般的在东京或国内的转乘概念有所不同。以下是转乘的便利出口索引：

JR大阪站出口	转乘路线车站
御堂筋北口	御堂筋线梅田站、阪急梅田站
御堂筋口	御堂筋线梅田站、谷町线东梅田站
樱桥口	四桥线西梅田站、阪神梅田站

阪急与阪神

阪急与阪神两条线都是连接大阪与邻近地区的私营铁道路线。阪急路线又分为阪急神户线及阪急京都线，前者行经大阪与神户之间，后者则行经大阪与京都之间，两者在大阪的总站都是梅田车站。由于阪急与阪神两条私铁比JR火车票价略为便宜，因此也是关西人前往京阪神三地之间的另一选择。

如果要想在梅田车站(大阪车站)，容易找到转线车站，除了上表以外，亦可在路面上看百货公司的名称，因为阪急百货旁就是阪急梅田站，而阪神百货下就是阪神梅田站。

中央线与OTS线

绿色的地铁中央线从左至右、从东至西贯通大阪市，于本町站与御堂筋交接。要前往南港、大阪港、天宝山等区域，需要从中央线大阪港站转乘OTS线。

JR大阪环状线与地下铁御堂筋线

JR大阪环状线(橙色)与地下铁御堂筋线(红色)，这两条路线是大阪市内游一定会乘坐的路线。JR大阪环状线就如东京的山手线一样，是一条环绕城市中心的路线。环线又分为外环线和内环线，外环线是顺时针方向：大阪→天满→大阪城公园→天王寺→九条；内环线则是逆时针方向：大阪→九条→天王寺→大阪城公园→天满，所以在选择站台时，请先想一下目的地在逆时针方向还是逆时针方向的一边，自能知道乘外环线还是内环线。

红色的地铁路御堂筋线，从上至下、从南至北贯通大阪市，与多个换乘车站交叉，如新大阪、梅田、心斋桥、难波及天王寺等，是一条集交通、购物及观光于一身的地铁路线。

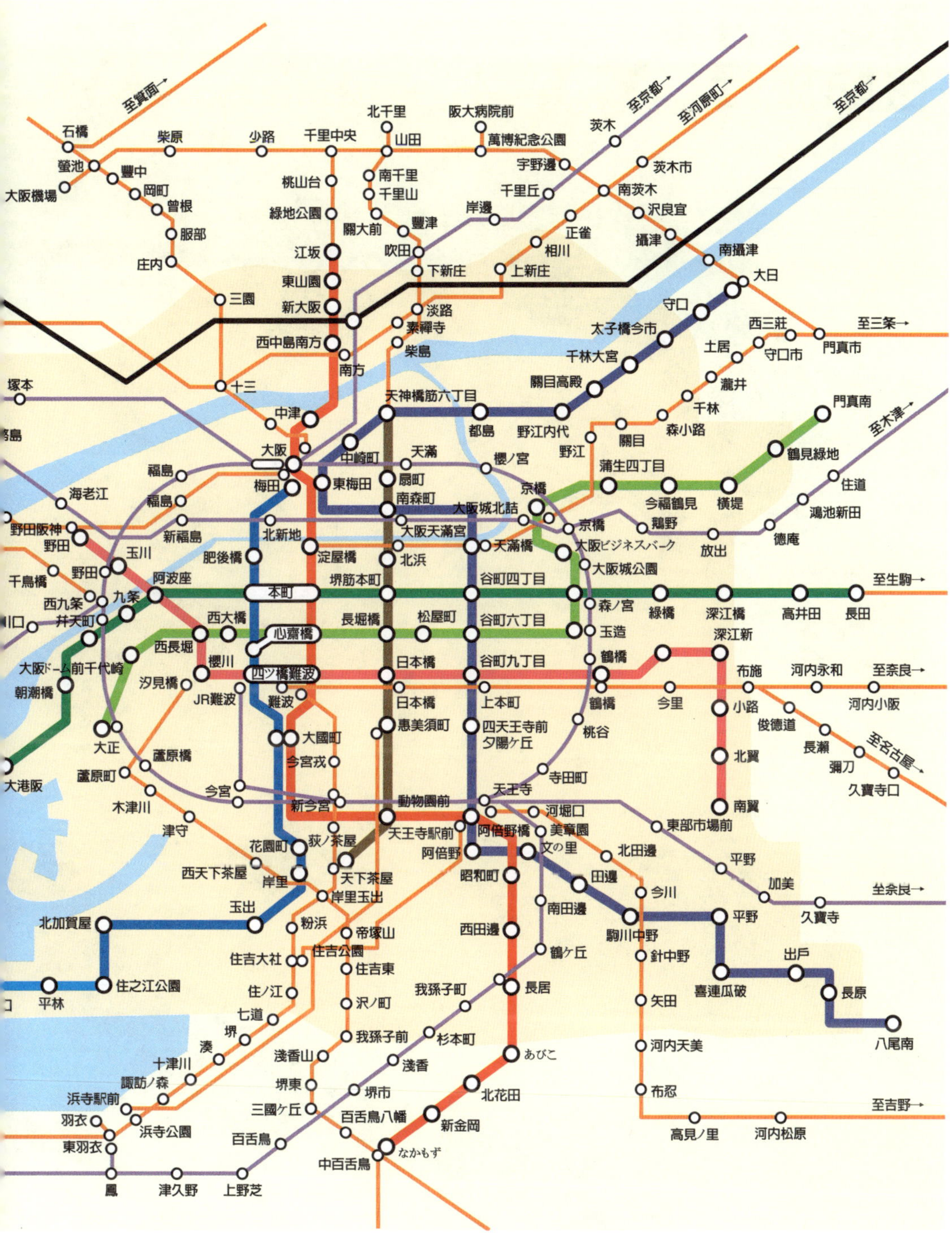
至箕面→
至京都→
至河原町→
至京都→
石橋
柴原
少路
千里中央
北千里
山田
阪大病院前
萬博紀念公園
茨木
宇野邊
茨木市
螢池
豐中
大阪機場
岡町
曾根
服部
庄内
桃山台
綠地公園
江坂
東山園
新大阪
西中島南方
南方
南千里
千里山
關大前
豐津
吹田
下新庄
淡路
崇禪寺
柴島
千里丘
南茨木
沢良宜
岸邊
正雀
相川
攝津
上新庄
南攝津
大日
守口
太子橋今市
千林大宮
關目高殿
西三莊
門真市
至三条→
土居
守口市
瀧井
千林
森小路
關目
野江
門真南
至木津→
三園
十三
塚本
中津
大阪
梅田
東梅田
中崎町
天神橋筋六丁目
都島
野江内代
天滿
扇町
南森町
櫻ノ宮
京橋
蒲生四丁目
今福鶴見
橫堤
鶴見綠地
住道
鴻池新田
德庵
放出
鴫野
大阪城北詰
大阪天滿宮
天滿橋
大阪ビジネスパーク
大阪城公園
福島
海老江
新福島
北新地
野田阪神
野田
玉川
肥後橋
淀屋橋
北浜
千鳥橋
阿波座
九条
西九条
井天町
本町
堺筋本町
谷町四丁目
森ノ宮
綠橋
深江橋
高井田
長田
至生駒→
西大橋
心齋橋
長堀橋
松屋町
谷町六丁目
玉造
深江新
西長堀
櫻川
大阪ドーム前千代崎
朝潮橋
汐見橋
四ツ橋難波
日本橋
谷町九丁目
鶴橋
布施
河内永和
至奈良→
JR難波
難波
上本町
今里
小路
河内小阪
俊德道
長瀬
至名古屋→
彌刀
久寶寺口
大正
大國町
惠美須町
四天王寺前夕陽ケ丘
桃谷
北翼
南翼
大港阪
蘆原町
蘆原橋
今宮戎
寺田町
木津川
今宮
新今宮
動物園前
天王寺
河堀口
東部市場前
津守
天王寺駅前
阿倍野橋
美章園
荻ノ茶屋
花園町
阿倍野
文の里
北田邊
平野
西天下茶屋
岸里
天下茶屋
岸里玉出
昭和町
田邊
加美
至奈良→
今川
玉出
南田邊
駒川中野
平野
久寶寺
北加賀屋
粉浜
帝塚山
西田邊
住吉大社
住吉公園
住吉東
鶴ケ丘
針中野
出戶
喜連瓜破
長原
平林
住之江公園
住ノ江
我孫子町
長居
矢田
七道
沢ノ町
八尾南
堺
湊
我孫子前
杉本町
河内天美
十津川
淺香山
淺香
あびこ
諏訪ノ森
堺東
堺市
北花田
布忍
浜寺駅前
三國ケ丘
百舌鳥八幡
新金岡
至吉野→
羽衣
浜寺公園
百舌鳥
高見ノ里
河内松原
東羽衣
中百舌鳥
なかもず
鳳
津久野
上野芝

开始在日本自助旅行

饮食篇
Dining

在日本怎么吃、怎么喝？

粗略估计，日本料理品种超过100款，单看餐厅外那几可乱真的食品模型，您是不是已经口水直流了？不过，不同的餐厅有不同的点菜方式或桌上礼仪吗？不同的食品又有哪些不同的典故源头呢？究竟，在日本品尝美食，还要注意些什么呢？

去哪里找吃的	96
日本饮食大观园	98
平价连锁餐厅	104
日本省钱饮食生活	104
日本的便利商店	105
应用日语	106

去哪里找吃的

高级料理店

**食材极为讲究
价格非常昂贵**

"料亭"或"割烹"是高级日本料理餐厅,提供"会席料理"或"怀石料理"。"会席料理"就像一道法国餐一样,先是吸物(汤),然后烧物、煮物、蒸物、炸物及醋物轮流上桌。会席料理从3、5、7、9至11道菜的都有,价格也因多少道菜而不同。怀石料理之名源自古时候僧侣怀抱石头,忍受肚子饥饿的意思。而最早的怀石是茶道会前的清淡料理,虽然如今的怀石料理依然简朴,但由于其食材极为讲究,所以价格非常昂贵。一般来说,这种等级的餐厅均需预订,而且价格高昂,动辄过万日元。

除了上述高级日本料理外,日本饮食界近年又刮起一股新潮流,就是"米其林餐厅"。米其林是法国一个专门评点餐饮行业的法国权威机构,百多年来,米其林在世界各地秘密评审餐厅,并推出美食指南,在欧洲被视为一本美食圣经,能够被米其林纳入书中的餐厅,就如同被封侯一样尊贵。2007年起,米其林首次推出亚洲的美食指南,第一本讲的就是东京。

以后,到东京来,想要品尝高级的日本或法国料理,又多了一个参考指标。东京的米其林法国餐厅,都是在法国已获得米其林肯定的大厨,在东京开的分店,这些大厨有Paul Bocuse、Alain Ducass、Joël Robuchon、Michel Troisgros及Pierre Gagnaire等。

一般餐厅

一家店只卖固定的几种料理

四面环海的日本,其料理不少以海鲜百味为主,其中尤以生鱼片、寿司等最为外国人称道,新鲜、原汁原味成为评价日本料理的一个重要标准。传统日本料理店对其坚守的料理亦非常执着,拉面店里就只卖数款拉面,鳗鱼饭餐厅就只卖鳗鱼料理,虽然和食店可以选择的定食较多,但其料理类型却差不多,以饭食为主,都非常专心、专业。

美食街

车站大楼及百货公司找吃的

如果不知道该到哪里吃午餐、晚餐,或想在同一个地点有多种料理可以选择,可以到火车站大楼或百货公司内的餐厅楼层看一看,这里一般以日式餐厅为主,亦有不少外国料理店,如蛋包饭店及意大利面店。即使百货公司的关门时间多为晚上8点,但其餐饮层通常会多营业1～2小时。

屋 台

路边摊也不错,又便宜量又大

火车站前有时也会有拉面屋台(屋台=路边摊),如东京新宿车站南口前,晚上就有不少关东煮及拉面的屋台架设在路旁,别有一番风味。

居酒屋

日本人下班后的消遣去处

居酒屋是上班族的娱乐场所。日本人喜欢在下班后到居酒屋饮酒、尝小吃、聊天。居酒屋内有多种特色小吃,都是佐酒极品,如各种烤鸡肉串、鸡肉丸、鸡肝、青椒、炸豆腐、烤鱼、烤饭团、炸薯条、生鱼片。

【居酒屋小菜】

下班回家前,到居酒屋与朋友小酌一杯、点儿样小菜,如炸豆腐配毛豆,加上一盘炒面,工作上的疲累立刻全消,通体舒畅再回家!

酱菜／お新香／oshinko
马铃薯炖肉／肉じゃが／nikujaga
日式炒面／焼そば／yaki-soba
高汤炸豆腐／揚げ出し豆腐／agedashi-toufu
味噌黄瓜／もろきゅうり／moro kyuri
柴鱼凉拌豆腐／冷奴／hiya-yakko
毛豆／枝豆／edamame
炸鸡／鳥の唐揚／tori-no-karaage
沙拉／サラダ／sarada

日本饮食大观园

饭食类

"丼物"就是一种用盖饭碗盛装餐食的家常料理,饭上面会放各种不同口味的配料,基本所有和食店都有卖。

【蛋包饭】 オムライス / omuraisu

日本的蛋包饭于1922年由大阪的北极星餐厅首创。当时有一位胃部有问题的客人经常来光顾这家店,但只能点白饭及炒蛋,所以餐厅厨师北桥茂男便为他创制了一道蛋包饭。想不到,后来蛋包饭却因大受欢迎而风行至今。

【天妇罗饭】 天丼 / ten-don

就是天妇罗盖饭,有炸虾、炸鱼及炸蔬菜。江户时期,天妇罗并不像现在这样是一道高级料理,而只是浅草区熟食摊档上的食品,主要供应给当时大量从日本各地来江户(今东京)打工的职场人、工匠或单身男子等。后来至幕末时期才变成一种"餐厅级"的料理。由于当时关东和关西地区用油不同,关西的油以较低温度炸天妇罗,而关东则采用胡麻油,并以170度左右的油温炸制,所以关东的天妇罗较关西的颜色深,呈深褐色。

【鳗鱼饭】 鳗丼 / una-don

鳗鱼盖饭,是丼物之中价格最高的。烹调鳗鱼,主要有"切""蒸""烤"3个步骤。关东的切鳗鱼方式,因要与江户时代武士切腹的崇高气节避讳,所以是从鳗鱼的背部下刀的。接着鳗鱼先蒸后烤:在竹制蒸笼中先将鳗鱼过量的脂肪蒸去,令鱼身变软,其后再用5支竹枝将鳗鱼串起,并以火势多变的备长炭反复烤制,再边烤边涂上酱油。关西风有别于关东风的先蒸后烤,是以炭火直接烤鳗鱼,以鳗鱼本身的脂肪,在烧烤制作中做出了油炸的效果,比较香脆可口。

【猪排饭】 かつ丼 / katsu-don

最典型的盖饭,里面除了有猪排外,还有鸡蛋。

Traveling in Japan

饮食篇

【釜饭】
釜饭 / kamameshi

关东大地震时，逃至上野山的难民用震后没有被烧毁的铁锅，加上残留下来的米饭及蔬菜，煮成了一道"釜饭"。震后3年，原本在浅草经营餐厅的矢野女士将这道釜饭作为餐厅的主要料理推向市场，因其一人一锅的特殊吃法而广受欢迎，旋即流传全日本。

【牛肉盖饭】
牛丼 / gyun-don

用洋葱酱汁调味，东京就有不少廉价牛肉饭连锁店，花不到300日元就可饱餐一顿。

【茶泡饭】
お茶渍け / ochatsuke

将热茶倒入已经煮熟的饭里，再加上梅干、海苔或各种配料。

【五目饭】
五目饭 / gomoku meshi

五目就是"五种"的意思，在饭内加上五种配料，可能包括海产、鸡肉及其他蔬菜。

【烤饭团】
燒きおにぎり / yaki-onigiri

日本人经常带去野餐或上学、上班的米制饭食，内馅会加上各种配料。

【鸡肉蛋盖饭】
亲子丼 / oyako-don

因为鸡和鸡蛋是亲子关系，所以也叫"亲子丼"。

【咖喱饭】
カレーライス / kareraisu

咖喱饭通常会搭配牛肉，在东京有不少专卖咖喱料理的餐厅。

【饮食重点大整理】

- **手指点菜走天下**：有些日本餐厅店员可能不会说英语，菜单上的英文也不多，因此菜单上若有食物图时，大可放心地依图点菜。很多餐厅门口也摆放有食品模型，供客人参考。选择好以后，可以先把要的食物名称及价格抄下来，如果店内的菜单没有图样时，那小抄就能派上用场啦！

- **要自己到柜台结账**：大部分的餐厅结账，都需要客人自己拿账单到入口旁结账。

- **招手叫服务生，不怕失礼**：在一般饭店内，想要点菜、添茶水时，只要招手请服务生过来即可，这并不是什么失礼之举。如果是一些较高级的饭店，服务生人数较多，他们只要看到客人好像有需要，就会主动作出适当的举动，不用担心。在一些新式的大型饭店，每个座位桌子上都有一个电子呼叫器，当要点菜时，可以按一下这个"不会发声"的铃，服务生就会过来。

- **饭店暖帘，挂什么卖什么**：虽说日本各饭店的外观大同小异，但其实挂在每间饭店门前的暖帘已经告知顾客他们卖的是什么了，比如说拉面店的暖帘会写上"ラーメン"；而经常出现在漫画里的"冰"小暖帘，就是夏天有卖刨冰的店。

- **饭店备拖鞋，好方便**：选坐和室内坐席时，要先脱鞋，鞋头朝外。若要上洗手间，为免穿鞋、脱鞋的麻烦，可穿饭店准备的拖鞋。

锅料理

锅料理是冬天最受欢迎的料理，大部分都是店家先将所有材料放进锅内，等食物半熟时，再端上桌让客人自己处理。但涮涮锅的主要食材为牛肉，每人喜好的生熟程度不同，所以会放在一边自己加。

【寿喜烧】
すきやき / sukiyaki

日本到处可见的寿喜烧始于明治时代（19世纪70年代）初，历史也不过130多年。其发源地是浅草，全盛时期有多达500多家寿喜烧店，当时大多数店铺皆选用与神户牛齐名、江户时代只有贵族阶级才能品尝到的、产自京都附近滋贺县琵琶湖的黑毛和牛"近江牛"。其汤底是以糖、酒及酱油做成的口味较甜较浓的肉汤。

【涮涮锅】
しゃぶしゃぶ / shabu-shabu

明治时代前，一般百姓仍受古代神道教影响而没有吃肉的习惯，日常只吃鲜鱼类，至西化的明治时代才接纳肉食。涮涮锅是将薄嫩的牛肉片在汤锅中轻涮，再蘸上味噌及酱油等食用。

【汤豆腐】
汤豆腐 / yutoufu

冬天很受欢迎的锅料理，豆腐在高汤中煮熟后，沾上特制酱油吃。

【关东煮】
おでん / oden

关东煮的制胜之道在于汤底，一般多以昆布、酱油及鱼熬煮。关西风的关东煮，以猛火熬煮，令食材外部渗入酱油味，内部却保持原味，与关东地区的慢火长时间熬煮法截然不同，所以，关西风味的关东煮味道完全两异。

【相扑火锅】
ちゃんこ鍋 / chanko-nabe

给相扑选手吃的传统火锅，营养丰富、分量足，配料有海鲜及鸡肉。

【鱼肉锅】
ちり鍋 / chiri-nabe

主要配菜为鳕鱼或鲷鱼。

【马肉锅】
さくら鍋 / sakura-nabe

火锅除了马肉外，还有大葱、牛蒡及烧豆腐等，与味噌同煮。

【泥鳅锅】
どじょ鍋 / dojyo-nabe

与味噌青叶牡蛎锅大同小异，只是名称上不同而已。

【鳗鱼锅】
柳川锅 / yanagawa-nabe

在较浅的砂锅（日语：土锅）中将鸡蛋、牛蒡、泥鳅等一同煮熟。

【海鲜火锅】
寄せ鍋 / yose-nabe

是一种冬季食用的海鲜锅物，食材有鱼、鸡肉、贝壳类、蔬菜等。

【味噌鲑鱼锅】
石狩锅 / ishikari-nabe

以鲑鱼为主要食材的火锅，再加入新鲜蔬菜及豆腐，加味噌煮制。

【味噌青叶牡蛎锅】
土手锅 / dote-nabe

先在平底锅内侧涂抹味噌，然后再放入牡蛎及蔬菜等的锅料理。

面食类

拉面、荞麦面及乌龙面是日本的主要面食，其中拉面更是日本人日常生活中不可缺少的饮食内容。三者都有热汤拌吃及蘸酱凉食的吃法。吃面条时如果发出声音，便是对厨师一种"好吃、美味"的认同。

【荞麦面】
そば / soba

多配以酱油清汤，再加葱花在其上一同吃。月见面：汤面中的一颗半熟的鸡蛋如满月一样，因而得名。五目面(什锦面)：如五目饭一样，有五种配料，如海产及鸡肉类的荞麦面。

【拉面】
ラーメン / ramen

拉面的汤底尤为重要，九州的猪骨汤面、本州的酱油汤面及北海道的味噌汤面为主要流派。

【日式凉面】
冷やしそば / hiyashi-soba

夏天最受欢迎的传统面食，有些餐厅还将冰块放在面的下方，吃起来透心凉。

吃日式凉面小提醒
凉面要蘸酱油吃才对

吃荞麦凉面时，店家会将一碗酱油与一盘凉面同时端上桌，但并不是叫你将酱油淋在凉面上，而是把凉面浸在酱油中再吃。

热烧煎炒类

热烧煎炒类料理，大多在一块大铁板上炒制，有些店可以让客人选择是要自己炒还是请师傅炒，无论如何，都是种特别的体验。"铁板料理"在关西地区很普遍，章鱼丸子、日式烧饼，很多人都会做，甚至是很多家庭的日常料理。过去大阪就有一句俗语："在大阪，'铁板'就是嫁妆的一种。"可见铁板料理的普及程度。

【御好烧】 お好み焼 / okonomiyaki

第二次世界大战后，日本食材供应紧张，粮食不足。百姓便将分发来的小麦粉加入水后，在铁板上烧制以尽其饱足的功能。这种铁板料理，后来随着粮食紧张程度的缓解，以及酱油的使用，小麦粉加上水以外，还有蛋，再配合肉类或海鲜、蔬菜等食材，加上各式酱油，便逐渐变成了现今的御好烧了。分为大阪风的大阪烧及广岛风的广岛烧，广岛风的还会在其中加入炒面。

【章鱼烧】
たこ焼き / takoyaki

章鱼烧于1935年由大阪会津屋的远藤留吉创制，章鱼烧内馅最初并非是章鱼，而是肉类及蔬菜，后来才变成了现今的章鱼烧。第二次世界大战后，随着酱油及调味料的普及，章鱼烧在制作中逐渐加入了酱油、美乃滋、辣粉、海苔粉或柴鱼片等，令其味道更加多样。

【煎饺】
焼き餃子 / yakigyouza

煎饺通常能在中华料理店或拉面店里吃到。中华料理店多以炒饭配煎饺为主，拉面店则以拉面作配搭。大阪煎饺有点不同，使用薄薄的饺子皮，而且折口比一般饺子小，经过先蒸后煎的程序，饺子外皮比一般饺子香脆得多。

【炒面】
焼そば / yakisoba

面条粗细介于乌冬面与荞麦面之间，加入猪肉或海鲜、蔬菜，并淋上日式酱油，然后在铁板上热炒。另有一种干炒面，面条跟一般炒面一样，不过会在铁板上炒久一点，直到面条变得干干脆脆。

【铁板烧】 焼き肉 / yakiniku

即在已加热的铁板上烧制食材的烹调方法。烹调着重在用料新鲜、刀法及烹调时间的控制。铁板烧最常见的菜式为铁板牛肉，其中又以神户牛的铁板烧最为出名。松阪牛、近江牛及神户牛，堪称"日本三大牛肉"，其中又以神户牛最为人乐道，除了其如雪花般的肉质纹理外，多少还跟神户牛的养殖传说有关系，例如让牛听音乐、让牛喝啤酒、有专人替牛按摩等。其实，神户牛即指生产于兵库县的但马牛。但马牛早于1 200多年前已于兵库县北部的但马地区开始养殖，由于当地临近高山，自然环境优良，自然能孕育出上等牛。至今，能成为神户牛的，必须出生在兵库县，并取得血统登记证，且需要在特选农户中饲养。神户牛肉质层次分明，肉与脂肪分布细密，犹如散落在空中的霜雪一样，素有"霜降牛"之美誉。上佳的神户牛肉以3岁的小牛为佳，神户牛有A1～A5五个等级，A5是最顶级的级数，一只五六百公斤的神户牛就只有5～6千克的A5级肉质，所以各神户牛餐厅的菜牌价钱，除以牛不同部分作定价外，其等级也是其中一个决定性因素。

图片提供／张敏慧

【文字烧】
もんじゃ焼 / monnjya yaki

原本只是一种给小孩吃的零食，经过加入各种配料的改良以后，竟创造出了数十种不同口味，现在东京的月岛文字烧街就聚集有30多家文字烧店，不妨试一试。

寿司类

日本各家寿司店所提供最为普及的，是源自东京的握寿司，素材大部分是各式生鱼片及海鲜百味，可以说是广为世界熟悉的日本料理。

【散寿司】
散らし寿司 / chirashi sushi

跟一般小巧的寿司形态大不相同：在一碗寿司饭上散盖着各式种类的生鱼片。

【寿司卷】
巻き寿司 / maki sushi

以海苔卷上寿司饭及配料做成的料理，以一大片海苔卷起成圆状的是"太卷"；卷成一块大长条形，然后再切成一小块的称为"河童卷"。

【箱寿司】
箱すし / hako sushi

大阪寿司的种类，外形如箱子一样四四方方，一口一个刚刚好。在寿司饭中加入少量甜醋制作而成，配料随季节而变。

【握寿司】
握り寿司 / nigiri sushi

源自东京，是寿司最常见的形态：在经过醋、糖调味的寿司饭上放上各式薄切片的配料。

如何在寿司店点菜

- 对喜欢吃寿司但预算又有限的人而言，回转寿司店是最佳选择，近年日本出现了不少100日元的回转寿司店，虽然品质不及一般寿司店，但也不会叫人太失望，遇上了可要大吃一番。

- 在寿司店或回转寿司店点菜时，直接向面前的师傅点就可以了，后者通常会为客人准备点菜单；如果座位不那么接近师傅时，可填写点菜单，再交给服务生就可以了。

- 一些高级寿司店没有菜单，都是"お任せ"，即食客拜托厨师，由厨师决定用当天最新鲜的材料去给你做寿司，当然价钱也不低。另外，有些寿司店会用"松、竹、梅"3种代表长寿的植物，作为寿司套餐的名称，松、竹、梅三者当中，价格高低及质量优劣依序为松、竹、梅。

老板，蛋寿司再来两盘！

【寿司上的海鲜材料】

中文	日文	罗马音
鲍鱼	あわび	awabi
鲔鱼	まぐろ	maguro
中等肥鲔鱼	中とろ	chuntoro
上等肥鲔鱼	大とろ	oo-toro
青柳鱼卵条	數の子	kazu no ko
虾	海老	ebi
生甜虾	甘海老	ama-ebi
伊势大龙虾	伊势海老	isei-ebi
章鱼	たこ	tako
鲑鱼	さけ	sake
鲷鱼	たい	tai
扇贝	帆立貝	hotategai
虾蛄	しゃこ	shako
小鳗鱼	穴子	anago
秋刀鱼	さんま	sanma
红甘	はまち	hamachi
鲣鱼	かつお	katsuo
海胆	うに	uni
竹荚鱼	あじ	aji
蟹	かに	kani
花枝	いか	ika
鲽鱼	かれい	karei

平价连锁餐厅

日本近年持续经济衰退,国民消费力及消费欲望都有所降低,传统的餐厅经营手法已见不济,大量以质优价廉招徕顾客的连锁餐厅大受欢迎。这些连锁餐厅,不是一般的美式快餐厅,都是提供日式料理的。餐厅位置以火车站附近一带的商圈为主,营业时间长,至23:00左右才关门,牛丼连锁餐厅更是24小时营业。

推荐餐厅除牛丼连锁店"松屋""吉野家"以外,还有专门提供天妇罗料理的"天屋",以及提供日式定食套餐的"大户屋"。

"天屋"的标准餐天妇罗饭500日元,用料有虾、墨鱼、青椒、南瓜,再加250日元,还可升级为附有一碗乌龙面及前菜的套餐。"天屋"的天妇罗并非人工炸制,而是使用机械代劳,但品质依然保持在平均水准之上,虾肉及其他用料都非常新鲜,即叫即炸,味道不比一般餐厅差。

"大户屋"是一家专门销售日式料理套餐的餐厅,近年在台湾及香港都开了分店。众多定食之中,鱼料理或肉料理,以多种不同的新颖方法烹制而成,吸引了不少年轻顾客。

松屋 Matsuya
- 24时营业
- 无休
- www.matsuyafoods.co.jp
- 遍布东京市区,主要在火车站附近,约有150家分店。

天屋 Tenya
- 11:00～22:00
- 无休
- www.tenya.co.jp
- 遍布东京市区,主要在火车站附近,超过90家分店。

大户屋 Otoya
- 10:00～24:00
- 无休
- www.ootoya.com
- 遍布东京市区,主要在火车站附近,约60家分店。

日本省钱饮食生活

买便利商店的便当

新干线站台上的列车便当比较贵,如果要中途转车,而且又刚好有时间的话,可考虑拿JR Pass出闸口,到火车站外面的便利商店买便当,这种便当不但可以加热,价格还比较便宜。

买店家关门前减价的便当

百货公司地下楼层或一般有卖熟食的超级市场,都会在晚上19:30至关门前,将食品减价促销,一个新鲜的刚做好不久的便当有时可以买到8折、7折甚至半价,相当超值,但这个是要碰运气的。

日本的便利商店

我们身边的便利商店非常多，一定不会觉得日本的便利商店有什么特别的吧？不过，晚上9点过后，如果日本没有便利商店，生活可是会非常难过的哟！日本百货公司的营业时间大多到20:00，而饭店则到21:00，习惯了夜生活的人，23:00以后如果要吃东西或是闲逛的，就只有24小时的牛丼连锁店和便利商店可以去了。

便利商店内可供选择的各式货品款式多得惊人，对吃较为讲究的人，也得要花上数分钟来决定不可。店内销售的报纸、杂志也很多，就算站在那里看也不会有人阻止。每当放学或下班时，漫画杂志架前总是挤满了人。另外，最令旅客乐在其中的就是一些日本版的糖果零食。换上日本的包装，各种日本限定的全新口味，零食一族又岂能不动心呢？

每当要乘坐长途火车或夜车之前，更是非要到便利商店网罗各种点心、零食、饮料不可。无论如何，便利商店是游客在旅行的日子里非到不可的"观光地"。

季节限定啤酒

明太子美乃滋的洋芋片

北海道起士塔

Suntory的乌龙茶

Glico的苹果酸奶

巧克力口味的比利时松饼

冰奶酪蛋糕

各种漫画、杂志、月刊任你看

各种饮料齐全，摆放成壮观的饮料墙　　　各种口味的方便面

Traveling in Japan

饮食篇

应用日语 あいうえお

实用单词

中国菜 / 中華料理 / chuuka ryouri
法国菜 / フランス料理 / furansu ryouri
越南菜 / ベトナム料理 / betonamu ryouri
印度菜 / インド料理 / indo ryouri
韩国菜 / 韓国料理 / kankoku ryouri
日本料理 / 日本料理 / nihon ryouri
意大利菜 / イタリア料理 / itaria ryouri
西班牙菜 / スペイン料理 / supein ryouri
吃到饱 / 食べ放題 / tabehoutai
喝到撑 / 飲み放題 / nomihoutai
快餐店 / ファーストフード店 / fasuto fudo ten
咖啡店 / 喫茶店 / kissaten
寿司店 / 寿司屋 / sushi ya
拉面店 / ラーメン屋 / ramen ya
西餐厅 / レストラン / resutoran
路边摊 / 屋台 / yatai
乡土料理 / 乡土料理 / kyoudo ryouri
回转寿司 / 回転寿司 / kaiten sushi
荞麦面屋 / そば屋 / soba ya
高级日本料理店 / 割烹、料亭 / kappou、ryoutei
水 / 水 / mizu
酒吧 / バー / ba
海鲜 / シーフード / shifudo
和食 / 和食 / washoku
西餐 / 洋食 / youshoku
抹茶 / 抹茶 / maccha
煎茶 / 煎茶 / sencha
红茶 / 紅茶 / koucha
大麦茶 / 麦茶 / mugicha
奶茶 / ミルクティー / miruku tei
咖啡 / コーヒー / kohi
热水 / お湯 / oyu
啤酒 / ビール / biru
烧酒 / 焼酎 / shou chuu
红酒 / ワイン / wain
居酒屋 / 居酒屋 / izakaya
日本茶 / 日本茶 / nihoncha
柳橙汁 / オレンジ ジュース / orenji jyusu
日本酒 / 日本酒 / nihon shu
威士忌 / ウイスキー / uisuki

应用会话

进入餐厅时

欢迎光临，请问有几位客人？(侍者)
いらっしゃいませ、何名様ですか？
irasshaimase， nan mei sama desuka?

2位。(客人)
二人 です。
futari desu。

您想坐非吸烟区还是吸烟区呢？(侍者)
禁煙 席 ですか？ 喫煙 席 ですか？
kinen seki desuka kitsuen seki desuka?

请给我禁烟区座位。(客人)
禁煙席 を お願い します。
kinenseki wo onegaii shimasu。

对不起，暂时客满了。(侍者)
すみません、ただいま 満席です。
sumimasen， tadaima mansekidesu。

请您在这里稍等一下。(侍者)
こちらで お待ち いただけますか。
kochirade omachi i tadakemasuka。

若有空位请叫我。(客人)
席 が 空いたら 呼んでください。
seki ga aitara yondekudasai。

请问大概几点钟可以用餐呢？(客人)
何時なら 大丈夫 ですか？
nanjinara daijyoubu desuka?

可以在这里预订吗？
ここで 予約 できますか？
kokode yoyaku dekimasuka?

对不起，我想取消预订？
すみません、予約 を 取り消したいのです。
sumimasen, yoyaku wo torikeshitainodesu。

这张优惠券可以用吗？
この 割引 クーポン は 使えますか？
Kono waribiki kupon wa tukaemasuka?

点菜

我要点菜。
注文 を お願い します。
chuumon wo onegai shimasu。

可以给我推荐一下地方特色名吃吗?
この 地方 の 名物 料理 は ありますか?
kono chihou no meibutsu ryouri wa arimasuka?

可以给我介绍些料理吗?
おすすめ 料理 は どれですか?
osusume ryouri wa doredesuka?

这是什么料理?
これ は どんな 料理 ですか?
kore wa donna ryouri desuka?

今天的套餐是什么?
今日 の セットメニュー は 何ですか?
kyou no settomenyu wa nandesuka?

请给我和那个一样的菜。(指着其他的料理)
あれ と 同じもの を ください。
are to onajimono wo kudasai。

我要这个。(指着菜单说)
これ を ください。
kore wo kudasai。

可以换菜吗?
注文 を 変えても いいですか?
chuumon wo kaetemo iidesuka?

请问有没有(中文／英文)的菜单呢?
(中国語／英語) の メニュー は ありますか?
(chuugoku／eigo) no menyu wa arimasuka?

我们想一同分享食物,请给我一些碟子。
この 料理 を 分けあって 食べたいので、取り皿 を 下さい。
Kono ryouri wo wakeatte tabetainode, torisara wo kudasai。

这个简餐包括餐后甜品吗?
この セットに デザート は 含まれていますか?
Kono setto ni desato ha fukumareteimasuka?

要求服务生

汤凉了。
スープ が 冷たく なっています。
supu ga tsumetaku natteimasu。

我点的菜还没来。
注文 したもの が まだです。
chuumon shitamono ga madadesu。

不好意思,请给我一杯水。
すみません、水 を ください。
sumimasen, mizu wo kudasai。

我没有点这个。
これ は 注文 していません。
kore wa chuumon shiteimasen。

我想再多点些菜。
追加 の 注文 を お願い します。
tsuika no chuumon wo onegaii shimasu。

剩下的菜可以打包外带吗?
残り を 持ち帰り にできますか?
nokori wo mochikaeri nidekimasuka?

结账

请结账。
お 勘定 を お願い します。
o kanjou wo onegaii shimasu。

可以用信用卡结账吗?
クレジットカード は 使えますか?
kurejittokado wa tsukaemasuka?

我们分开付账。
支払い は 別々に お願い します。
shiharai wa betsubetsuni onegaii shimasu。

请给我收据。
領収書 を ください。
ryousyuusho wo kudasai。

账单好像算错了。
勘定 が 間違っている ようです。
Kanjou ga machigatteiru youdesu。

开始在日本
自助旅行

观光购物篇
Shopping

到日本，哪里购物最好？

在日本"血拼"，首先想到的肯定是东京。不可否认，在东京购物，比日本任何一个城市都方便，也更舒服。究竟在东京购物有什么特别呢？日本各地的商店街、便利店、百货公司又是怎样的呢？

上网抢先游日本	110
到东京买潮流、到京都买和风	112
到日本看传统演艺	116
推荐旅游路线	118
应用日语	129

上网抢先游日本

日本旅游一年四季都适宜,且旅游主题丰富。日本人对包装学问甚具心得,在各种旅游主题上,当然是美轮美奂,难怪旅客无论何时何地,都想到这个"旅游王国"去。

春、秋两季游日本正适宜

春游日本,自然是赏樱之旅了,进入3~4月,樱花便会从南至北,由九州,一直开到北海道去,只要是樱花盛开的地方,不论上班的还是上学的,一家大小都会抽空到樱花树下赏樱。这时全日本也进入了全面的樱花季节,电视上、商场里、餐厅内处处都是有关樱花主题的商品、广告,简直就像是进入了"樱花紧急状态"。同样的,秋游日本,红叶则与樱花相反,10~11月,红叶会从北至南,由北海道,一直伸延到九州。

夜赏红叶、樱花

每年秋天红叶正浓时,又或春天樱花盛放时,都有一种晚间观赏的活动,让人看到红叶或樱花在晚上灯光下的另一番美态。例如,京都的清水寺会特别举行为期一个月的"夜之特别拜观",平日在下午5点就关门的寺庙,不止会延长开放时间至晚上10点,寺内还有特别的灯光布置安排,使典雅的寺庙更加富丽堂皇,让红叶或樱花更梦幻神秘,确实与日间

观赏的感觉截然不同。

值得注意的是，每年的"夜之特别拜观"都是市内盛事，下午6点左右才开始，5点多就已有不少摄影发烧友在排队，7点就已经排出一条长龙来，建议还是早一点入场，才能体会到"夜之美"。

观光购物篇

【樱花、红叶最前线】

对于"追樱追枫"的游客而言，樱花信息、红叶信息也是他们最关注的。幸好，网络发达，只要到以下网站，甚至就有把握可以知道，要在哪天、到哪个城市的哪家公园、去哪棵樱花树下赏樱拍照。

Rurubu及Mapple是日本两大旅游机构的网站，内容网罗日本各地旅游资讯，更会特别为春秋两个旅游季节，推出赏樱与赏枫的主题。他们的赏樱赏枫信息，从赏樱赏枫前两周左右就开始公布。最主要的是他们还提供全日本各地的即时开花信息，需了解的是即使知道日本气象局所公布的樱花信息日期，但花期还会受当天城市小气候或当地状况的影响。即时开花信息以照片或影片的形式呈现，每隔1~2天就会更新，这才是最前线的"情报"。

基本上，两大网站资讯的丰富程度不相伯仲，但Rurubu在即时资讯上比Mapple优，或许Rurubu是JTB旗下的网站，在日本各地都有分社，方便每隔两天就到公园拍摄实时照片或影片。不过，Mapple则擅长应用制作地图的专长，网站里的地图，不但加入了开花信息及周边资讯，还可以让游客直接下载地图使用。所以，这两个网站，都是出发赏樱赏枫前的必修课。

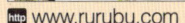

http www.rurubu.com   http www.mapple.net

到东京买潮流、到京都买和风

到日本买东西,不是买最新,就是买最旧(也就是最传统)。日本是个新旧并蓄的购物天堂,带动全亚洲乃至全世界的潮流服饰、电子产品、传统又可爱的和风小物,都是旅日"血拼族"不可放过的"猎物"。

如果要买新潮的东西,去东京就够了,百货公司多得逛不完,个性小店也足以让人乐而忘返;如果要买传统和风手工艺品的话,只要到京都就够了。京都上百年的老店多不胜数,工艺品手工精致且设计款式多,从传统和风到可爱和风都有,作收藏、当礼物均可,不能少的当然还有和果子及绿茶。

涩 谷

涩谷除109辣妹百货,年轻百货公司如Parco I、II、III馆,西武Loft及Qfront外,还有新开的涩谷Hikarie和苹果专卖店。NHK电视台附近一带,又有数十家休闲风格的小店,如:American Rage、Journal Standard、United Arrow等。

图片提供/许志忠

东京各个购物区简介

"到过东京购物,就等于买遍全日本"。东京是日本的潮流集散地,百货公司、世界级品牌店、日本著名设计师品牌店、个性小商店、生活杂货店等应有尽有。加上交通方便,走一圈山手线上的购物点,已够你买上好几天。到东京购物,先掌握各区不同的购物特性,那么逛街购物更能得心应手。

银 座

自明治以来已是高贵、时尚象征的银座,其百货店都以世界级品牌为主,只要走过其中一间1楼的化妆品商店层,出来后自有一股贵气"缠身"。银座主要百货公司有和光、松屋和三越,而银座美雪通、煤气灯通更是一级品牌的集中地,也是高级餐厅和高级甜点的"激战"区,还有一间苹果专卖店。

山手线圈内的百货公司区

新 宿

新宿除了东口的伊势丹、西口的小田急和京王,南口的高岛屋等大型百货外,还有不少走年轻路线的百货公司,如东口有数座○|○丸井、纪伊国书店、BICQLO,东口与南口皆有的LUMINE,南口的东急手创,友都八喜、BIC CAMERA、BICQLO和LABI等超大型电器卖场遍布新宿车站各大出口,周边更有超过4 000家的饮食店,也是东京药妆价格最便宜的"激战"区之一,丰富的百货和各式商店足以逛上一整天。

图片提供/许志忠

六本木

六本木有两家到东京非逛不可的大型综合商场,那就是非常有名的"六本木之丘"及"MidTown",两者都是东京都内潮流尖端和艺术文化集散地,是人气最为旺盛的必游新景点。

山手线圈内的个性小店区

原宿

要逛个性小店的话，原宿、青山一带实为首选。原宿的竹下通销售的是以年轻人为主要消费对象的流行服饰，另外还有各大名牌精品林立的表参道，是引领年轻潮流最重要的据点，还有供大量未成名设计师隐居、自设品牌商店的裏原宿是寻宝胜地，而表参道的KIDDY LAND更是玩具迷和小朋友们的最爱。

青山

青山不但有不少日本名设计师如川久保玲的专卖店，还有不少生活杂货及古董家具店，是追求优质设计生活的信徒们的朝圣地。

山手线圈外的个性小店区

山手线圈外，也有多个高人气的个性小店区域。这些小店都开在住宅区附近，没有涩谷新宿的喧闹，小店都在小街两旁，可闲适悠然地购物。

自由之丘

如一个幸福小镇，所有店铺都位于车站2～10分钟步程之内，从家居布艺、装潢、生活杂货、设计独特的精品、小花店，到富有南欧风情的主题商店应有尽有，推荐给爱好杂货和甜点的朋友。

下北泽

下北泽的小商店散落在火车站的北口及南口，分别有"一番街商店街"以及"南口商店街"，两处都有很多极富个性的生活杂货小店、二手衣、怀旧家具或模型店，当然，咖啡厅及地道小吃店也是少不了的。

吉祥寺

吉祥寺离新宿只有10多分钟车程，商店都集中在车站四周，步行就可以游览吉祥寺。JR吉祥寺火车站北口是区内主要的商店街，也是东京药妆价格最便宜的"激战"区之一。有地道日本商店街及市场的"口琴横町"及满是女生杂货店的"中道通"。JR吉祥寺火车站的另一侧公园口可以直达人气公园——井之头恩赐公园，公园前还有不少生活杂货店及传统日式居酒屋。

代官山

代官山为高级住宅区，小店里多是高级品牌，且大都是日本设计界的独创品牌，质优品精，虽价格较高，却是走在品味、气度的最前线，还有"全世界最美书店"之一的茑屋书店，杂货和高级甜点也是代官山的代名词。

逛街购物小提醒

百货公司和商店大约开到晚上8点

一般商店的营业时间多是10:00～20:00，百货公司则营业到20:00或21:00，且多在周三休息。但大城市百货公司的休息日则各异，如三越的休息日为周一。

找洗手间，各车站及百货公司内一定有

在日本，找洗手间时只要到火车站或地铁站准没错，如果怕火车站太大不好找，那么火车站旁的百货公司肯定有。大部分的车站洗手间入口前都有卫生纸自动售货机，一包约50日元。日本人如厕后会将卫生纸丢入马桶里冲掉，马桶旁边的小垃圾桶一般是仅供丢弃使用过后的女性生理用品的，并不作为丢弃其他物品使用。

京都和风工艺品、礼品

京都是个处处都是历史的古城，就连手工艺品、礼品都有着独特的故事背景。到京都买和风小物，可以到一些老店去买，不但品质有保证，款式也非常独特，不会跟一般游客区的礼品一样。

各式布艺小物

京都布艺小物的图案主题有很多，如竹、樱或红叶等四季景色带出京都的古风，又有传统的日本儿时玩具图案、12生肖吉祥物等。布艺小物有很多种，如手袋、小包、手帕、手机包、手机挂饰、香包、钱包等。

和服

日本女性多在婚宴、新年、节祭、筵席等正式场合穿着和服。和服中有"着物"及"浴衣"，和服"着物"的男女装差别不大，只是身长及袖子的长度有分别，穿着时将左襟盖在右襟上，再以腰带固定位置。一般饭店或旅馆都有浴衣让住客在入浴前后穿着，布料及色彩图案都较朴素，穿着方法与和服一样。

扇子

京都被喻为日本扇子的发祥地，早在平安时代初期（834～848年），皇宫内的大臣官员们就有赐赠扇子的仪式。扇子最初又称"桧扇"，原因是那时的扇子不是以纸为材料，而是将一片片木简连织起来而成的。这种木简桧扇更是宫中男士不可或缺的随身物。后来随着纸扇的发明，茶道、书道、能乐等多种类文化的发展，扇子的种类及用途也得到更大的发展。日本的扇子有"团扇"及"扇子"两种，前者以竹子制成圆形骨架，再贴上和纸制成，多用来搭配夏天节祭时所穿的浴衣；而后者则跟中国的折扇一样，上面多绘有书画，日本人在出席茶道会时会带一把，日本舞蹈或能剧中的表演也会用到，此外，它也是订婚仪式中的定亲礼。

陶瓷器

日本的陶瓷器在发展初期深受中国及韩国技术的影响，加上日本传统艺术——茶道及花道的带动，陶瓷器已不单是日常生活必需品，更是一种艺术鉴赏品。著名的陶器产地有爱知县的濑户物、冈山县的备前烧，而瓷器产地则是佐贺县的有田烧、京都的清水烧等。清水烧源于江户时代初期，陶瓷大师野野村仁清，于清水产宁坂设窑，令清水烧更负盛名。之后清水烧在江户末期及明治初期分别受到中国、韩国及西方技术的影响，色彩及形态更为多变，别具一格，成为代表京烧极品的品牌。现在每年8月，约500家店铺聚集于清水寺前及五条坂一带，举行陶器集市。

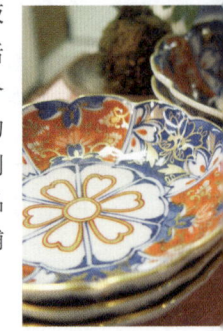

日本茶

日本茶于1191年由中国传入，后移植至京都附近的宇治地区。宇治、静冈就是日本绿茶的代名词，两者都是日本绿茶的著名产地，宇治是绿茶的发祥地，而静冈则是产茶量最多的地区。宇治邻近古都京都，在绿茶的种植发展上受宫廷影响甚多，而如今京都市内还有大量茶屋、吃茶店等选用宇治茶，其名声可见一斑。

一种名为"宇治金时"的冰品，会在刨冰当中加入宇治茶，成品不太甜，甘香且茶味浓，大都附有甜红豆馅，一定要尝尝。较常见的、可买到的日本茶有高级的"玉露"，及一般经常饮用且维C含量丰富的"煎茶"。

和纸产品

和纸多为再造纸，除了可做成和风文具、书信用品外，还会制成家居摆设、灯饰等。有些质地很柔韧且有拉力，还可用来制作小包包。手上拿着的小包包分明是轻轻的纸质小物，却又如布块一样，确实有趣。

和果子

"和果子"这个名称从明治时代开始使用，当时西方文化大量涌入，衣服也分"洋服""和服"，料理也分"洋食""和食"，在糖果甜点方面，也分"和果子"与"洋果子"。京都的和果子店，有"上果子屋"的店铺种类，意即一些为宫廷进贡果子的店铺。这种"上果子屋"做出来的果子比一般果子屋的上等，因为只有"上果子屋"才能分配到一些从中国或荷兰购入的白砂糖或冰砂糖。而一般果子屋，多以米、麦或栗子等谷物制成糯米团子、麻糬饼等，消费对象则以一般平民百姓为主。

至今和果子的普及在于礼节祭祀、一年四季的赠礼、日本国内旅行的礼品等方面的发展，各地也因其不同的文化背景或时令名物产生了很多地域性的果子，而京都则本着其历史及古都的特点，制造出很多精雕细琢、高贵优雅的"京果子"来，让一般人也能尝到帝王级气派的甜点。

浮世绘

"浮世绘"就是描绘出虚浮现世的绘画，自16世纪初就有了，题材多以江户民情、歌舞伎演员、富士山等为主，色彩丰富多变，其中尤以葛饰北斋的"富岳三十六景"及歌川广重的"东海道五十三次"为经典作品。

图片提供／许志忠

购物退税看这里

一次买超过1万日元就可免税(当日在同一家商店)

日本的消费税是价外税，额度是商品售价的8%。除食品、饮料、酒类、香烟、化妆品、医药品、软片、电池等消耗品以外，购物超过1万日元就可免税。2014年10月又实施了扩大外国游客免税商品范围与简化退税手续等新政。

需要退税记得跟店员说

一般百货公司的退税手续较简便，只要在购物前向售货员表示要退税，先付款，再持收据及观光签证、护照到百货公司内的退税柜台，服务人员就会帮忙填写免税单，并现场退回8%的消费税。

退税单(服务人员会代为填写，看不懂没关系)

＊以上资料时有变动，出发前请再次确认。

到日本看传统演艺

日本对传统文化的保育工作，在世界上都可谓数一数二。他们除了对实体建筑遗产的保护不遗余力外，对无形的文化遗产如各种传统演艺剧目更是如此。最重要的，还是日本人仍然对此等传统演艺支持相当热衷，单看他们出席观赏歌舞伎，都穿得如新年一样的传统和服，就可见他们对这些传统演艺有多重视，不过话说回来，传统演艺的主要支持者，绝大部分还是老一辈的日本人。

到异地旅游，探讨当地传统文化，也是一种学习。现在日本也有不少传统演艺剧场可供游客参与观赏，当中更同时备有英语或中文导览解说耳机以方便游客。

歌舞伎

歌舞伎源于17世纪，最初是由出云神社的巫女"阿国"将念佛舞改良而成。歌舞伎原来全由女性表演，又称为"女歌舞伎"，后因有违风纪而被禁止，改作全由男演员反串演出，直至现在。

歌舞伎如同中国的京剧，同样以衣饰华丽、突出浓妆、夸张的动作和表情来表现震撼的舞台效果。较受欢迎的歌舞伎剧目有"忠臣藏"、"劝进帐"、"京鹿子娘道成寺"及"东海道四谷怪谈"等，从中自能看出日本古代历史的各阶层面貌。

图片提供／日本国家旅游局

相扑

早在江户时代，相扑在日本已经非常流行了，当为了筹募盖庙、造桥经费的时候，更会以一种称为"劝进相扑"的形式进行筹款比赛。

如今比赛场地的上空会吊着一个高8米、宽10米，重约6万千克的屋顶，除了是相扑的传统装饰外，亦有祈求五谷丰登的意思。比赛采取一对一的形式，哪一方先跌出直径4.55米的比赛圈(土俵)外便是败方。一天的众多赛事中，以横纲级选手比试最有看头，观看的观众也最为汹涌，一旦哪一方胜出，支持者便会将席下的布团往天上抛，场面非常热闹。

图片提供／日本国家旅游局

图片提供／日本国家旅游局

文乐

文乐就是木偶剧，一尊木偶由3名身穿黑衣、头带黑巾的木偶剧艺人共同操控，负责表情及右手动作的称为"主遣"、负责左手及道具的称为"左遣"、负责双脚的称为"足遣"，还有负责说故事的"太"在旁边弹着三昧线。

图片提供／日本国家旅游局

能剧

被联合国教科文组织认定为世界文化遗产的能剧，起源于14世纪，江户时代只供贵族、武士们观赏，幕府倒台后，平民才有机会观赏，也才能延续至今。能剧简单又抽象，集日本传统舞蹈、戏剧、音乐等于一体，加上精致的面具、沉郁缓慢的舞步，非常有意思。

图片提供／日本国家旅游局

图片提供／日本国家旅游局

【优惠券专营店】

如果在旅行途中心血来潮，想在东京看一场棒球赛、演唱会、艺术表演而不知道怎样买票的话，可以到一些优惠券专营店看看。这类专营店销售现金券、优惠折扣券、商品券、图书券、游乐场入场券、乘车券及演唱会门票，其售价都要比票面价格低，换句话说，就是可以以特惠价购买特惠券，相当于可以9折买东西、乘火车地铁，或以更低价买到棒球联赛或演唱会门票(不过也要根据不同的歌星、乐队及座位而定，而且传统演艺的门票不一定可以在这里买到)。这类优惠券专营店在大城市有很多，主要集中在火车站附近，如东京的新宿西口集结有十多家，它们并排在一起，很方便比较价格。

⁉ 日本街头景象

自动售货机

在日本随处可见的自动售货机，为当地人及观光客带来很大的方便。自动售货机接受硬币或纸币，其货品种类除饮料、零食、烟酒、冷冻食品、冰激凌、方便面外，甚至还有蔬菜、水果，连大米也有卖。

商店街

商店街多位于火车站前，是为该区居民、街坊提供日常生活用品的购物中心，商店街由十多家至数十家小商店、超级市场组成，价格比百货公司便宜，只要到商店街走一趟，自能体会到日本人最原本的日常生活状况。

推荐旅游路线

要游走全日本，一张JR Pass是不可或缺的通行证，JR Pass分为7天、14天及21天三种，而路线的设计上，笔者多推荐的是6天的旅游行程，特别留下一天来让读者自由支配，更具弹性。如果在日本游览超过一星期的话，只要将以下两个或以上的地区路线加起来就可以了。注：＊表示当天为JR Pass使用日(日本各地区JR Pass介绍请见p.58)。

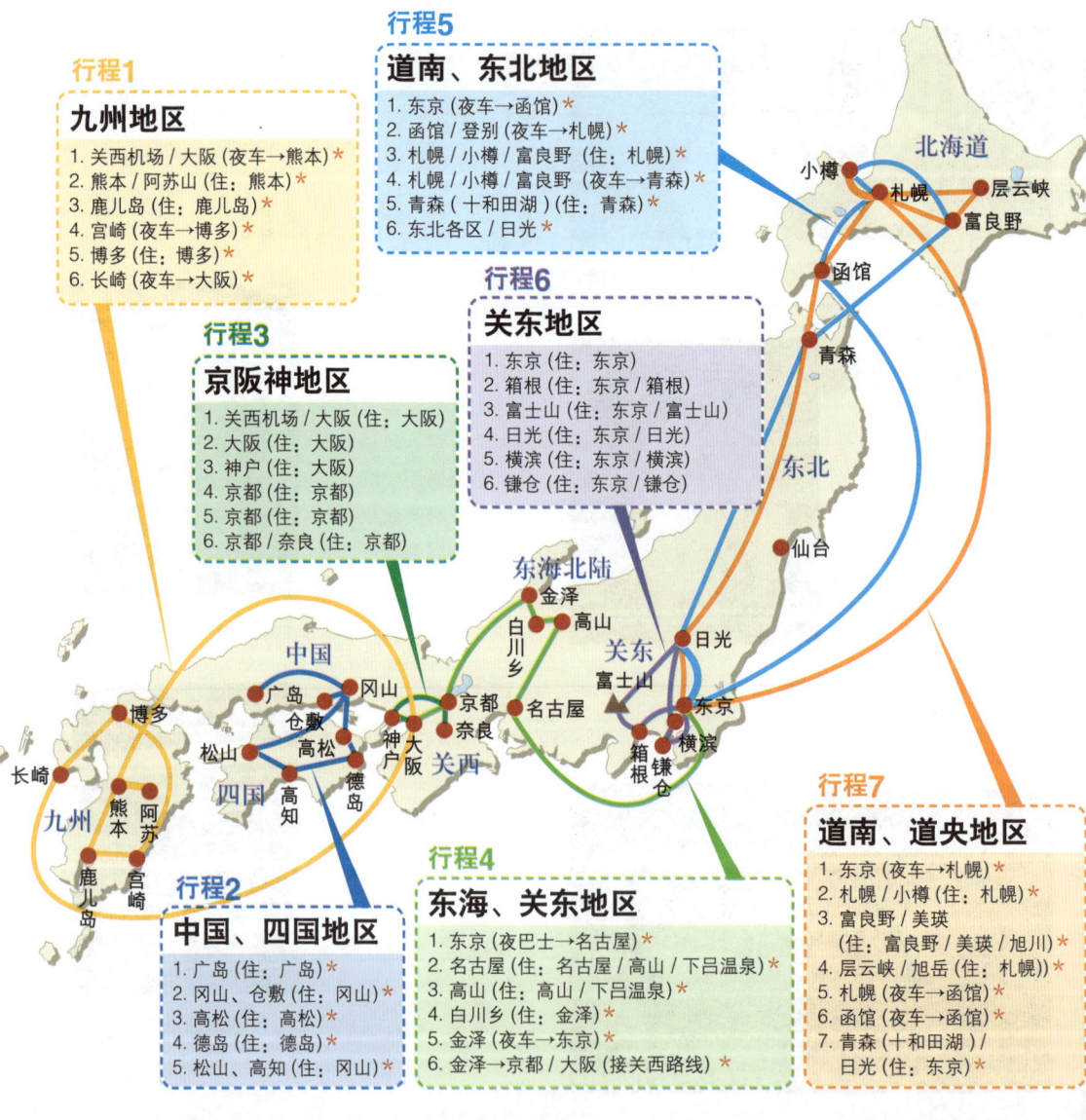

行程1 九州地区
1. 关西机场 / 大阪 (夜车→熊本) ＊
2. 熊本 / 阿苏山 (住：熊本)
3. 鹿儿岛 (住：鹿儿岛)
4. 宫崎 (夜车→博多) ＊
5. 博多 (住：博多)
6. 长崎 (夜车→大阪) ＊

行程2 中国、四国地区
1. 广岛 (住：广岛) ＊
2. 冈山、仓敷 (住：冈山) ＊
3. 高松 (住：高松) ＊
4. 德岛 (住：德岛) ＊
5. 松山、高知 (住：冈山) ＊

行程3 京阪神地区
1. 关西机场 / 大阪 (住：大阪)
2. 大阪 (住：大阪)
3. 神户 (住：大阪)
4. 京都 (住：京都)
5. 京都 (住：京都)
6. 京都 / 奈良 (住：京都)

行程4 东海、关东地区
1. 东京 (夜巴士→名古屋) ＊
2. 名古屋 (住：名古屋 / 高山 / 下吕温泉) ＊
3. 高山 (住：高山 / 下吕温泉) ＊
4. 白川乡 (住：金泽) ＊
5. 金泽 (夜车→东京) ＊
6. 金泽→京都 / 大阪 (接关西路线) ＊

行程5 道南、东北地区
1. 东京 (夜车→函馆) ＊
2. 函馆 / 登别 (夜车→札幌) ＊
3. 札幌 / 小樽 / 富良野 (住：札幌) ＊
4. 札幌 / 小樽 / 富良野 (夜车→青森) ＊
5. 青森 (十和田湖) (住：青森)
6. 东北各区 / 日光

行程6 关东地区
1. 东京 (住：东京)
2. 箱根 (住：东京 / 箱根)
3. 富士山 (住：东京 / 富士山)
4. 日光 (住：东京 / 日光)
5. 横滨 (住：东京 / 横滨)
6. 镰仓 (住：东京 / 镰仓)

行程7 道南、道央地区
1. 东京 (夜车→札幌) ＊
2. 札幌 / 小樽 (住：札幌) ＊
3. 富良野 / 美瑛 (住：富良野 / 美瑛 / 旭川) ＊
4. 层云峡 / 旭岳 (住：札幌)) ＊
5. 札幌 (夜车→函馆) ＊
6. 函馆 (夜车→函馆) ＊
7. 青森 (十和田湖) / 日光 (住：东京)

札幌推荐旅游路线

A 札幌历史文化旅程(上午半日游行程规划)

上午以步行方式为主,游览札幌火车站附近景点,下午继续前往札幌近郊各区。

需时:2~3小时

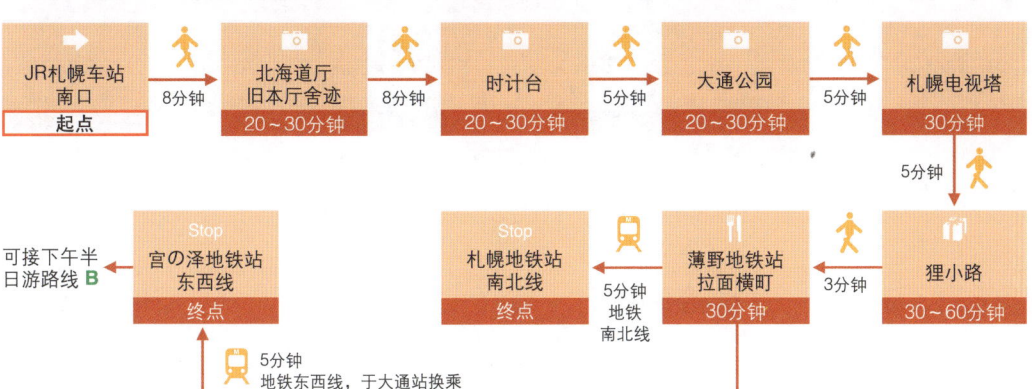

B 造访白色恋人巧克力工厂(下午半日游行程规划)

下午时间游"石屋巧克力工厂",晚上可到"札幌生活工场"购物,或到"札幌啤酒园"用晚餐。

需时:2~3小时

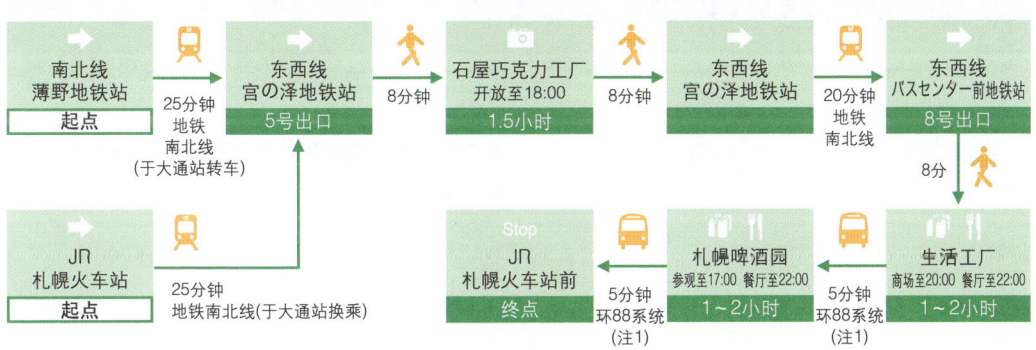

注:1.巴士环88系统,每小时有3班巴士,22时只有两班。

奶油拉面,是札幌拉面的代表之一

札幌啤酒园

北海道厅旧本厅舍

富良野、美瑛推荐旅游路线

漫步薰衣草紫色花海（中富良野夏日一日游行程规划）

走访"中富良野"区内的薰衣草景点，骑脚踏车是最便捷的方法。

用时约：7.5小时

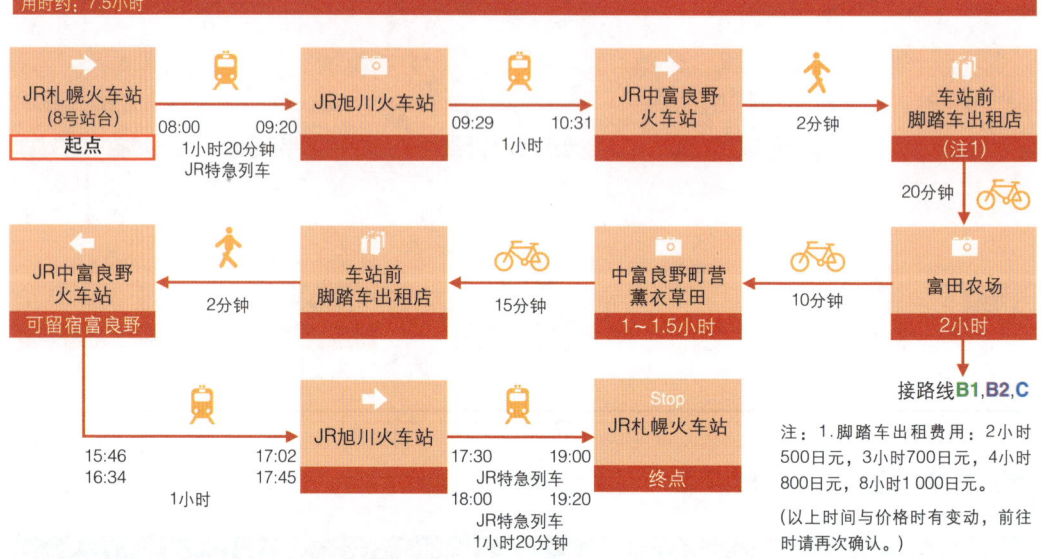

由札幌前往富良野、美瑛交通

札幌 →	旭川 →	美瑛 →	中富良野 →	富良野
Super Whitr Arrow 列车		富良野线普通列车	富良野线普通列车	富良野线普通列车
1小时20分钟		35分钟	30分钟	9分钟
06:55	08:15	08:39	09:14	
08:00	09:20	09:29	10:02	10:31	10:41
09:00	10:20	10:03 (观光小火车)	10:32	11:19	11:37
09:30	11:00	10:25	10:57		
10:00	11:20	11:30	12:03	12:33	12:40
10:30	12:00				
11:00	12:20	12:24	12:57		
11:30	13:00				
			13:01 (观光小火车)	13:43	13:52
12:00	13:20	13:36	14:09	14:41	14:51
12:30	14:00				
13:00	14:20	14:25	14:58		
13:30	15:00				
			15:08 (观光小火车)	15:46	15:57
14:00	15:20	15:25	15:59	16:27	16:38
14:30	16:00				
15:00	16:20	16:30	17:03	17:29	17:39
15:30	17:00	17:18	17:57		
16:00	17:20	17:46	18:19	18:48	18:55
16:30	18:00	18:27	19:01	19:33	19:42
21:00	22:20	22:37	23:10	23:34	23:41

（以上时间、价格时有变动，前往时请再次确认。）

B1 到富良野学做奶酪(富良野夏季一日游行程规划)

主要景点为富良野奶酪工房,需注意来往火车站的巴士班次,以及前往富良野火车站的班次。

用时约:5小时

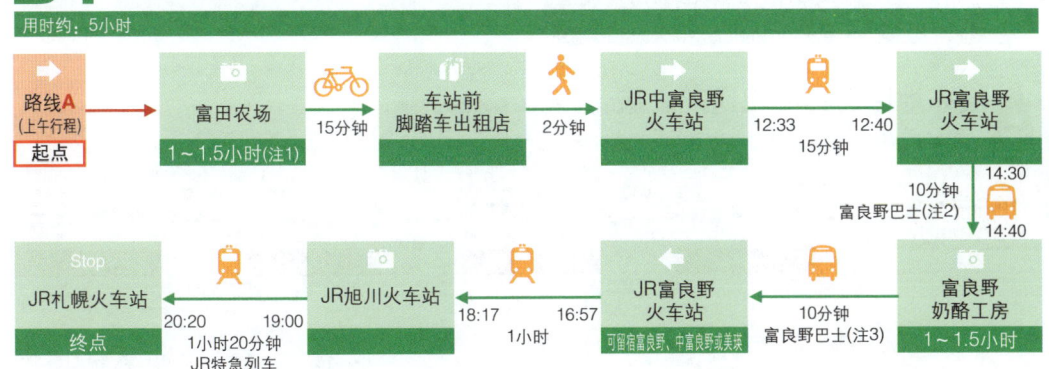

B2 到富良野畅饮红酒(富良野夏季一日游行程规划)

主要景点为富良野红酒工场,需注意来往火车站的巴士班次,以及前往富良野火车站的班次。

用时约:5小时

C 亲近北海道原野的脚踏车之旅(美瑛夏季一日游行程规划)

此日路线皆为脚踏车游览,如果只想骑半天的话,可配合其他路线,只需注意火车班次即可。

用时约:8小时

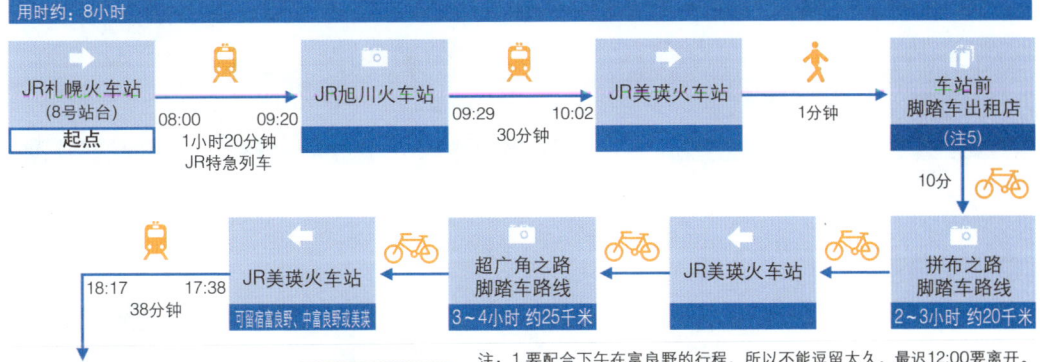

注:1.要配合下午在富良野的行程,所以不能逗留太久,最迟12:00要离开。
2.富良野巴士只于6~8月行驶。
3.起士工房开出的富良野巴士,最后一班于16:10发车。
4.有3小时的时间,可顺道骑脚踏车至附近的中富良野町营薰衣草田观光。
5.每小时200日元,最高租金1 000日元,最好先购买饮用水。
(以上时间、价格时有变动,前往时宜再次确认。)

观光购物篇

京都推荐旅游路线

A 洛东地区世界文化遗产之旅（洛东地区一日游路线规划）

路线为京都标准游览行程，除清水寺及银阁寺以外，还有二、三年坂及祇园这两大特色购物区。

JR京都火车站（乌丸口出口）起点 → 1分钟 → 京都巴士总站（D1或D2line）→ 15分钟（复古巴士100号或市区巴士206号）→ 京都国立博物馆（博物馆三十三间堂前站）1～1.5小时 → 8分钟 → 三十三间堂 1小时 → 8分钟（复古巴士100号或市区巴士206号）→ 五条坂巴士站 → 20分钟 → 清水寺 1小时 → 2小时 沿清水坂、产宁坂、二年坂步道 → 高台寺 1小时 → 8分钟 → 八坂神社 1小时 → 8分钟 → 祇园 1小时 → 10分钟 → 三条、四条商店街 2～3小时

八坂神社 → 15分钟／复古巴士100号 → 平安神宫（京都会馆、美术馆前站）45分钟 → 10分钟 → 京都市美术馆 1小时 → 10分钟 → 近代美术馆 30分钟 → 20分钟 → 银阁寺（银阁寺前站）(开放至16:30) 1小时 → 35分钟／复古巴士100号 → Stop 京都巴士总站 终点

三条、四条商店街 → 15分钟(地铁乌丸站) 30分钟／5、7、205号巴士(四条河原町巴士站) → 京都巴士总站

银阁寺 → 复古巴士100号或市区巴士5号

B 洛西地区世界文化遗产之旅（洛西地区一日游路线规划）

此路线主要由金阁寺附近地区及岚山地区组成。

JR京都火车站（乌丸口出口）起点 → 1分 → 京都巴士总站 B2或B3站 → 30分钟（复古巴士101号或市区巴士205号）→ 金阁寺（金阁寺道站）1～1.5小时 → 3分钟 → 金阁寺前巴士站 → 8分钟 巴士59号 → 龙安寺（龙安寺前站）1～1.5小时 → 5分钟／巴士59号 → 仁和寺（御室仁和寺前站）1～1.5小时 → 5分钟 巴士10、26号 → 京福妙心寺站前巴士站 → 1分钟 → 京福电铁妙心寺站 → 20分钟 京福电车 → 京福电铁岚山站 → 10分钟 → 嵯峨岚山观光小火车

京福电铁岚山站 → 5分钟 → 天龙寺 1～1.5小时 → 10分钟 → 渡月桥 15分钟 → 30分钟 → 常寂光寺（赏枫名所）45分钟 → 15分 → 化野念佛寺 30分钟 → 15分钟 → 奥嵯峨野（赏枫名所）45分钟

Stop 京都火车站 京都巴士总站 终点 ← 40分钟／市巴士 ← 20分钟／JR嵯峨岚山站

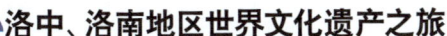

C 洛中、洛南地区世界文化遗产之旅

此区景点的出发点都在JR京都火车站，一天之内不可能全部游览完，宜根据交通工具来决定当天要游览的景点。

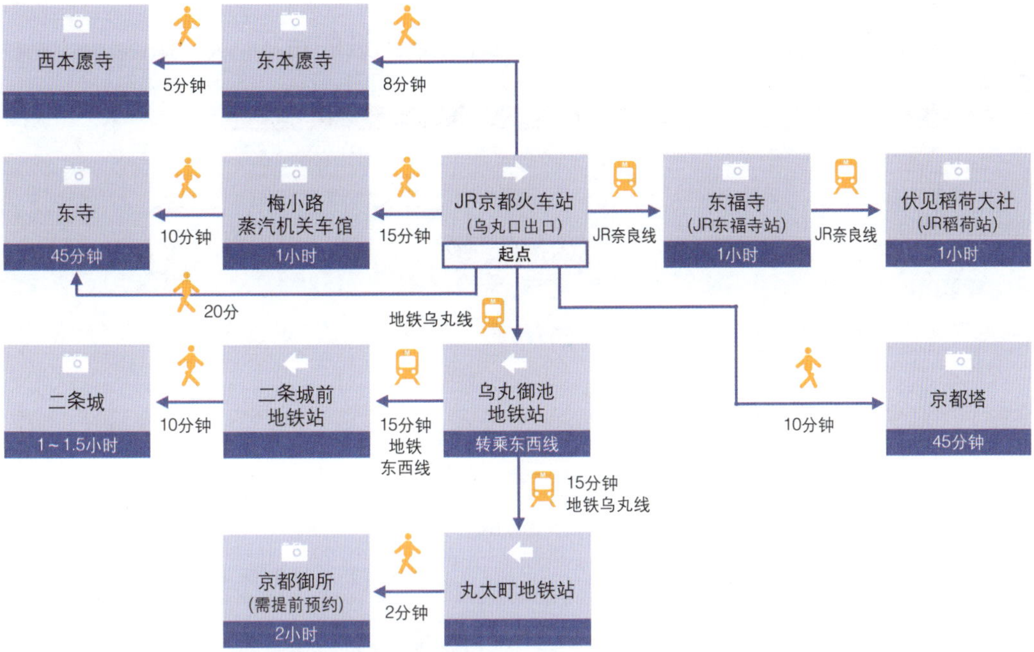

西本愿寺
5分钟
东本愿寺
8分钟
东寺
45分钟
10分钟
梅小路
蒸汽机关车馆
1小时
15分钟
JR京都火车站
(乌丸口出口)
起点
JR奈良线
东福寺
(JR东福寺站)
1小时
JR奈良线
伏见稻荷大社
(JR稻荷站)
1小时
20分
地铁乌丸线
二条城
1～1.5小时
10分钟
二条城前
地铁站
15分钟
地铁
东西线
乌丸御池
地铁站
转乘东西线
10分钟
京都塔
45分钟
15分钟
地铁乌丸线
京都御所
(需提前预约)
2小时
2分钟
丸太町地铁站

大阪推荐旅游路线

从梅田出发，到大阪市内轻松游玩

只要掌握到大阪的交通路线，无论市内购物还是游乐，当然可以说走就走。

大阪环球影城
(大阪环球影城站)
5～6小时
5分钟
西九条地铁站
5分钟
JR环状线
大阪、梅田车站
(乌丸口出口)
起点
梅田区百货公司
梅田地下街
2小时
大阪城
(大阪城公园站)
1～1.5小时
10分 170日元
御堂筋线
10分钟
JR环状线
临海地区购物
(Cosmosquare站、世贸中心前站)
1～1.5小时
OTS线
地铁大阪港站
8分钟
地铁本町站
转乘中央线
御堂筋线
海游馆
1～1.5小时
心斋桥、难波、道顿堀地区
(地铁心斋桥站、难波站)
2～3小时
御堂筋线
地铁
动物园前站
换乘堺筋线
堺筋线
通天阁
(惠须美町站)
1小时

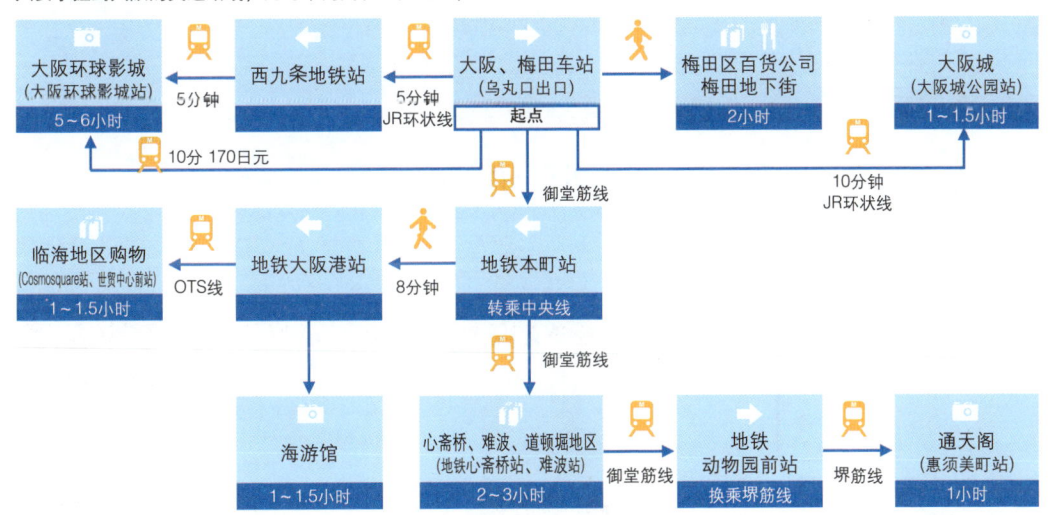

东京推荐旅游路线

A 东京都东旅游路线：从传统的浅草一路逛到先进的台场(以入住新宿饭店为规划考虑)

从筑地市场早餐拉开一日序幕，而月岛文字烧街的晚餐则让这一日完美落幕。此路线大部分景点休息日为周一、二。

用时约：8小时／建议购买都营一日乘车票　　　　　　　　　　　　　可接A1浅草观光路线规划

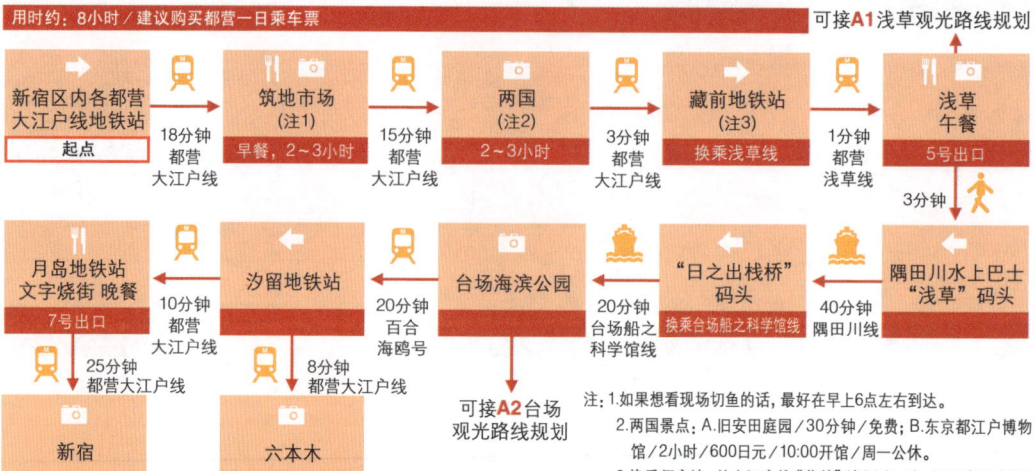

注：1.如果想看现场切鱼的话，最好在早上6点左右到达。
2.两国景点：A.旧安田庭园／30分钟／免费；B.东京都江户博物馆／2小时／600日元／10:00开馆／周一公休。
3.换乘须离站：从大江户线"藏前"站A6出口出，沿江户通步行3分钟，即见浅草线"藏前"站A2入口(换乘方法请见p.84)。

A1 在浅草大灯笼下欣赏东京传统下町风貌(浅草观光路线规划)

到浅草大灯笼的"仲见世"商店街买礼物并品尝小吃，同时尝尝已逾百年历史的日本料理老铺的名吃。

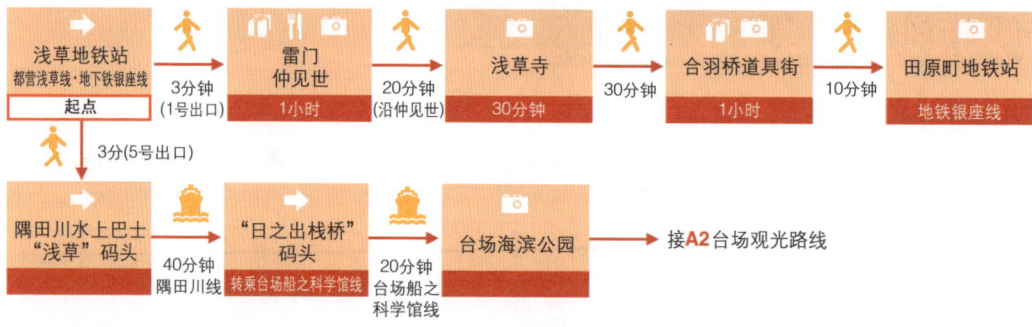

A2 在浪漫的彩虹大桥上纵览东京副都心的摩登(台场观光路线规划)

除彩虹大桥与台场大型商场、玩乐设施外，著名的"日本科学未来馆"也一定不要错过。

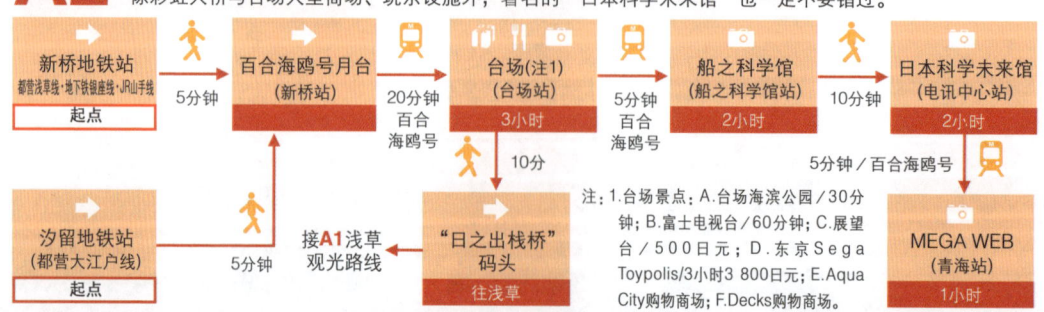

注：1.台场景点：A.台场海滨公园／30分钟；B.富士电视台／60分钟；C.展望台／500日元；D.东京Sega Toypolis／3小时3 800日元；E.Aqua City购物商场；F.Decks购物商场。

B 东京都东旅游路线：游完皇居、上野，就到秋叶原、银座"血拼"去

由新宿御苑出发，逛过知名景点、电子商品街、百货公司后，再夜游"六本木"。此路线所有景点休息日均为周一，皇居休周一、五，若遇假日则休翌日。

用时约：8小时／建议购买地铁1日乘车票

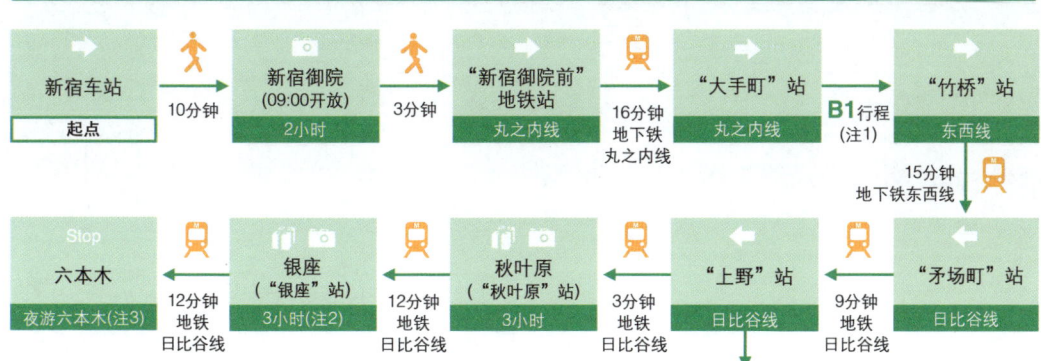

注：1. 可直接接B1东京观光路线规划行程。 2. 银座大部分百货公司营业至20:00。
3. 六本木山及Mid Town等百货公司营业至20:00。

B1 在皇居中探寻江户时代的人文历史

皇居以步行方式游览即可，若时间不够可只游"皇居外苑"及"皇居东御苑"。

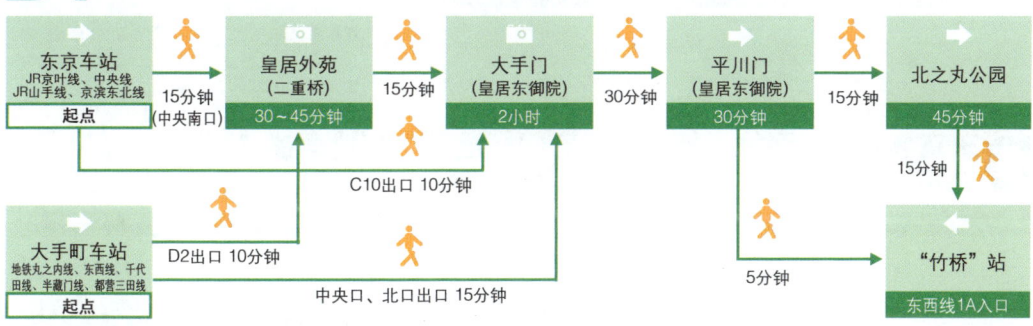

B2 春天，上野公园的樱花和阿美横町的叫卖声同样灿烂

上野以步行方式游览即可，除博物馆、动物园以外，可到阿美横町逛逛小店铺。

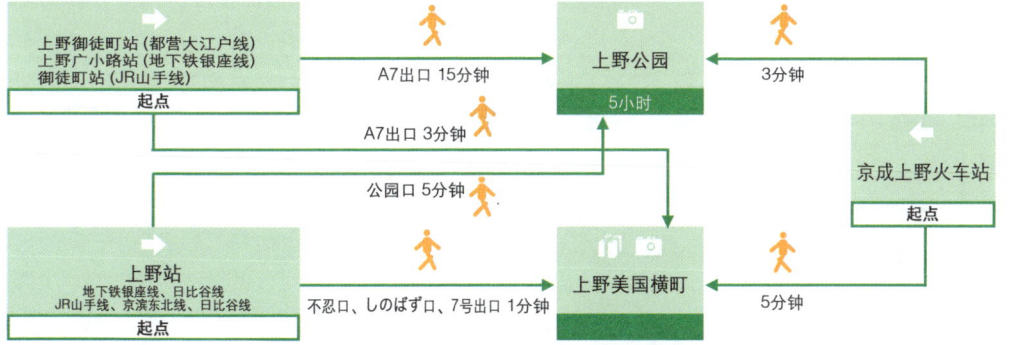

C 东京都西旅游路线：与龙猫结伴到原宿、青山、六本木去"血拼"

从新宿出发，到人气景点三鹰之森美术馆后，再返回市中心热门景点。此路线以上午观光、下午购物为主，建议搭配星期天出游，原宿会有地摊市场。

用时约：8小时

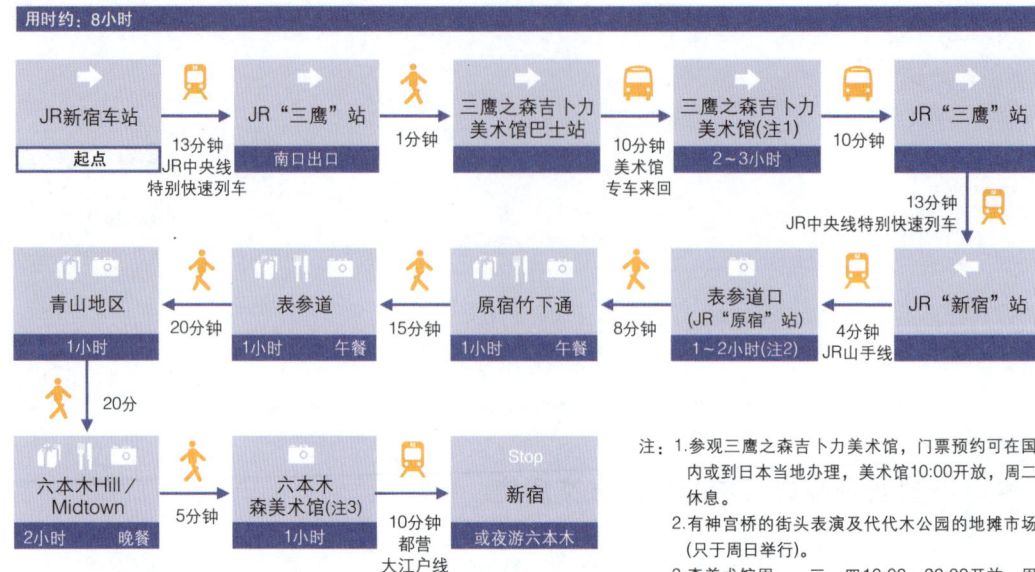

注：1. 参观三鹰之森吉卜力美术馆，门票预约可在国内或到日本当地办理，美术馆10:00开放，周二休息。
2. 有神宫桥的街头表演及代代木公园的地摊市场（只于周日举行）。
3. 森美术馆周一、三、四10:00～22:00开放；周五、六、日及国法假日前一天10:00～24:00开放；周二10:00～17:00开放。

D 东京都西旅游路线：把整个代官山、涩谷、惠比寿都"买回来"

就是"买、买、买"，逛遍东京都内最酷、最炫的时尚购物区。

用时约：8小时

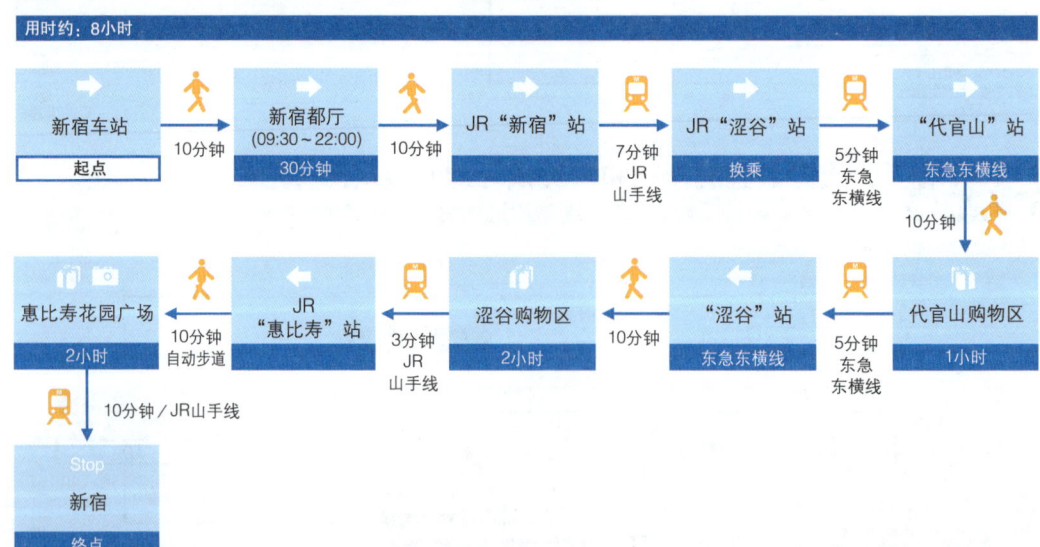

镰仓推荐旅游路线

在镰仓五山里，镰仓大佛与长谷观音会对你说声"好"

游镰仓，就是以巴士配合步行的方式游览，其中步行的距离比较长，会累一点。

用时约：7小时

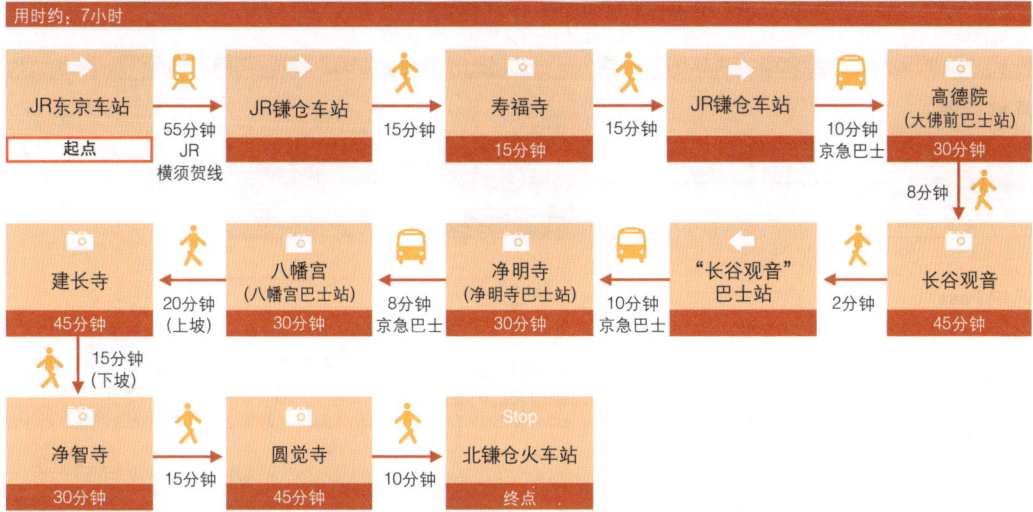

日光推荐旅游路线

注：1. 二社一寺区景点：日光山轮王寺（300日元）、日光东照宫（1 300日元）、二荒山神社（200日元）及大猷院（500日元），可买联票1 000日元。
2. 中禅寺湖区景点：中禅寺湖（免费）、二荒山神社中宫寺（300日元）及华严瀑布（530日元）。

探秘德川家族的世界文化遗产之旅

一天的旅游时间，足够游遍"二社一寺区"及"中禅寺湖区"。（若只有半天时间则可省略其中之一）

用时约：4~8小时

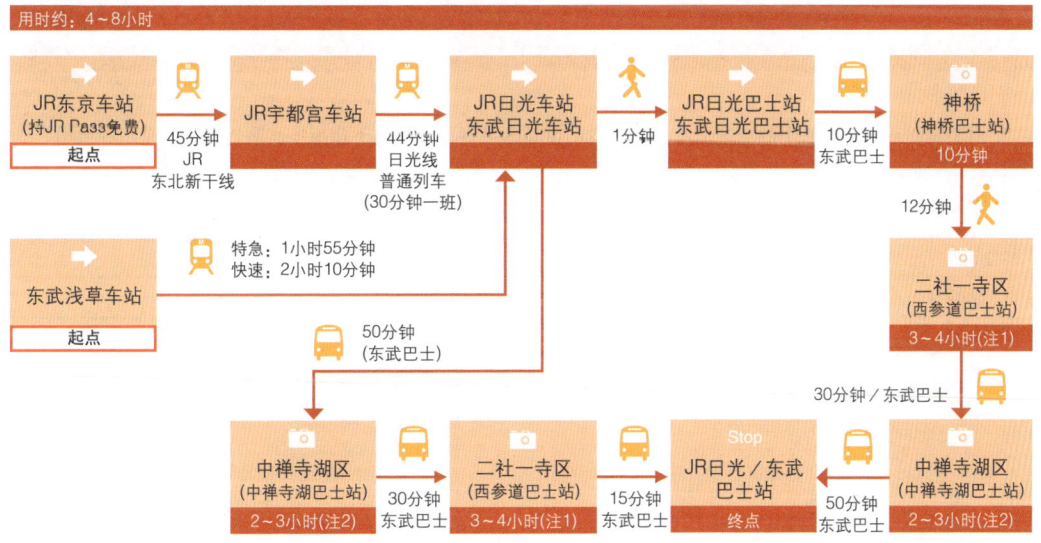

箱根推荐旅游路线

箱根旅游网站
www.hakonenavi.jp/chinese

乘登山电车、缆车、游览船寻找富士山的踪影

游箱根很简单,只要有一张交通证,一整天都可乘坐不同的交通工具"上山下海"。

用时约:8小时

持JR Pass

JR东京车站(起点) → 38分钟/新干线,1小时/特急踊り子 → JR小田原车站 → 1分钟 → 小田急小田原车站 → 15分钟 箱根登山铁道 → 箱根汤本车站

无JR Pass

小田急新宿站(起点) → 1小时46分钟 小田急急行(须于小田原换乘),2小时22分钟 小田急Romance Car(每小时2班,不用换乘) → 箱根汤本车站 → 5分钟 → 箱根町立乡土资料馆(30分钟) → 32分钟 箱根登山电车 → 雕刻之森美术馆(雕刻之森电车站)(1小时) → 5分钟/箱根登山电车 → 强罗公园(强罗公园电车站)(1小时) → 公园下缆车站 → 8分钟 箱根登山缆车 → 早云山吊椅站 → 10分钟 吊椅 → 大涌谷(大涌谷吊椅站)(30~45分钟) → 18分钟 吊椅 → 桃源台吊椅站 → 1分钟 → 游览船码头(芦之湖游览) → 40分钟 观光游览船 → 箱根町码头 → 5分钟 → 箱根关所资料馆(30分钟) → 20分钟 杉并木步道 → 箱根神社(45分钟) → 45分钟 箱根登山巴士 → 箱根汤本电车站(终点)

由于需要乘坐种类繁多的交通工具,因此费用也颇为昂贵,除非只于箱根汤本附近泡汤或是短程旅游,否则,购买交通证是明智之举。箱根交通证分2日及3日两种,两者的使用方法及条款也不同,宜根据旅游天数、日期及游玩景点等来考虑买哪种(小田急电铁网址: www.odakyu.jp)。

票券种类	箱根2日周游票	箱根3日周游票
价 钱	5 000日元(从新宿出发)	5 500日元(从新宿出发)
使用时期	没有限制	没有限制
可使用交通工具	(1) 箱根登山铁路 (2) 箱根登山缆车 (3) 箱根空中缆车 (4) 箱根海贼观光船 (5) 箱根登山巴士、观光景点巡游巴士 (6) 箱根登山巴士(指定区域) (7) 沼津登山东海巴士(指定区域)	(1) 箱根登山铁路 (2) 箱根登山缆车 (3) 箱根空中缆车 (4) 箱根海贼观光船 (5) 箱根登山巴士、观光景点巡游巴士 (6) 箱根登山巴士(指定区域) (7) 沼津登山东海巴士(指定区域)

(以上时间、价格时有变动,前往时请再次确认。)

应用日语

实用单词

购物

书店 / 本屋 / hon ya
百货商店 / デパート / depato
时装店 / ブティック / buteiku
市场 / 市場 / ichiba
纪念品商店 / ギフト-ショップ / gifuto shopu
眼镜店 / 眼鏡店 / megane ten
药店 / 薬局 / yakkyoku
超级市场 / スーパー / supa
大型商场 / ショッピング-モール / shoppingu moru
便利商店 / コンビニ / konbini
文具店 / 文房具店 / punbougu ten
鞋店 / 靴屋 / kutsu ya
玩具店 / 玩具店 / omocha ten
浮世绘 / 浮世繪 / ukiyoe
乐器店 / 楽器店 / gakki ten
相机店 / カメラ屋 / kamera ya
和式浴衣 / 浴衣 / yukata
和服 / 和服 / wafuku
和纸 / 和紙 / washi
陶器 / 陶器 / touki
扇 / 扇 / ougi
糖果 / お菓子 / okashi
鞋子 / 靴 / kutsu
袜子 / 靴下 / kutsushita
上衣 / スーツ / sutsu
T恤 / Tシャツ / T shatsu
裤子 / パンツ, ズボン / pantsu
裙子 / ドレス / doresu
大衣 / コート / koto
内衣 / 下着 / shitagi
围巾 / スカーフ / sukafu
男装 / 紳士服 / shinshifuku
女装 / 婦人服 / fujinfuku
童装 / 子供服 / kodomofuku

钱包 / 財布 / saifu
手表 / 時計 / tokei
戒指 / 指輪 / yubiwa
手提袋 / 鞄 / kaban
运动鞋 / 運動靴 / undou kutsu
喜欢的 / 好きな / suki na
不喜欢的 / 嫌い / kirai

观光

在前面 / 前 / mae
在后面 / 裏 / ura
在旁边 / 側 / soba
在附近 / 傍 / soba
在对面 / 反対側 / hantaigawa
直行 / 真っ直行って / massugu itte
左转 / 左に曲がって / hidari ni magatte
右转 / 右に曲がって / migi ni magatte
街道 / 道 / michi
红绿灯 / 信号 / shingou
公共电话亭 / 公衆電話 / koushuu denwa
十字路口 / 交差点 / kousaten
天桥 / 横断歩道 / oudanhodou
东 / 東 / higashi
西 / 西 / nishi
南 / 南 / minami
北 / 北 / kita
巴士站 / バス停 / basutei
火车站 / 駅 / eki
博物馆 / 博物館 / hakubutsukan
美术馆 / 美術館 / bijyutsukan
水族馆 / 水族館 / suizokukan
动物园 / 動物園 / doubutsuen
游乐场 / 遊園地 / yuuenchi
剧院 / 劇場 / gekijyou
公园 / 公園 / kouen

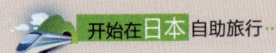

庭园 /	庭園 /	teien
火山 /	火山 /	kazan
沙滩 /	海水浴場 /	kaisuiyokujyou
瀑布 /	滝 /	taki
湖 /	湖 /	mizuumi
山 /	山 /	yama
河流 /	川 /	kawa
国家公园 /	国立公園 /	kokuritsu kouen
门票 /	入場券 /	nyuujyou ken
大人 /	大人 /	otona
小孩 /	子供 /	kodomo
旅游信息 /	観光パンフレット /	kankou panfuretto
开放时间 /	開館時刻 /	kaikan jikoku
关门时间 /	閉館時刻 /	heikan jikoku
寺 /	寺 /	tera
入场费 /	入場料 /	nyuujyouryou
学生特惠 /	学割 /	gakuwari
雕刻 /	彫刻 /	choukoku
油画 /	油絵 /	abura e
云霄飞车 /	ジェットコースター /	jettokosuta
刺激类游乐设施 /	絶叫マシン /	zekkyou mashin
标本 /	見本 /	mihon
复制品 /	複製物 /	fukusei hin
名古屋 /	名古屋 /	nagoya
北海道 /	北海道 /	hokkaidou
富士山 /	富士山 /	fuji san
札幌 /	札幌 /	sapporo
东京 /	東京 /	toukoyu
大阪 /	大阪 /	oosaka
福冈 /	福岡 /	fukuoka
本州 /	本州 /	honshuu
九州 /	九州 /	kyushuu
四国 /	四国 /	shigoku
冲绳 /	沖縄 /	okinawa
京都 /	京都 /	kyouto
神户 /	神戸 /	koube
广岛 /	広島 /	hiroshima
樱花 /	桜 /	sakura
红叶 /	紅葉 /	kouyou

应用会话

买东西

我想看(这个/那个/那个(较远))。
(これ/それ/あれ)を 見たい のですが。
(kore / sore / are) wo mitai nodesuga.

可以试穿吗？(买衣服时)
着けてみても いいですか？
kiketemitemo iidesuka?

可以试穿吗？(买鞋子时)
履くてみても いいですか？
hakutemitemo iidesuka?

太贵了。
高 すぎます。
taka sugimasu.

我的尺码是(M)号。
私 の サイズ は M です。
watashi no saizu wa (M) desu.

太(大/小)了。
(大/小さ) すぎます。
(ooki / chiisa) sugimasu.

付款

我要买这些。
これ を ください。
kore wo kudasai.

可以给我一个折扣价吗？
値引き してもらえますか？
wanibiki shitemoraemasuka?

请给我收据。
領収書 を ください。
ryousyuusho wo kudasai.

您好像算错了。
計算 が 違って います。
keisan ga chigatte imasu.

能告诉我如何办理免税手续？
免税 のてつづき を 教えて いただけませんか？
menzei no tetsuzuki wo oshiete itadakemasenka?

一共多少钱?
全部 で いくらですか？
zenbu de ikuradesuka?

这个售价包含税金了吗?
税金 は 含まれた 額 ですか？
zeikin wa fukumareta gaku desuka?

购物可以免税吗?
免税 で 買えますか？
menzei de kaemasuka?

您找错钱了。
お釣り が 足りません。
otsuri ga tarimasen.

询问

请给我介绍一些观光景点。
見どころ を 紹介 してください。
midokoro wo shoukai shitekudasai.

这里的地方特产是什么?
この 地方 の 特産品 は 何ですか？
kono chihou no tokusanhin wa nandesuka?

现在有没有举行什么节日？
何 か お祭り が あっていますか？
nani ka omatsuri ga atteimasuka?

Traveling in Japan

观光购物篇

可以观赏全市景致的观景台在哪里？
市内 を 一望 できる 場所 は どこですか？
shinai wo ichibou dekiru basho wa dokodesuka?

哪里的景色好？
景色 が いい のは どこですか？
keshiki ga ii no wa doko desuka?

请告诉我现在的位置。(向路人展示地图)
現在 位置 を 教えて ください。
genzai ichi wo oshiete kudasai。

(百货商店)较多的街道在哪里？
デパート が 多い 場所 は どこですか？
depato ga ooi basho wa dokodesuka？

有什么地标吗？
なに か 目印 は ありますか？
nani ka mejirushi wa arimasuka？

请介绍一些可以一天之内往返的景点。
日帰り で 行ける ところ を 教えて ください。
higaeri de ikeru tokoro wo oshiete kudasai。

对不起，能告诉我怎么前往(上野公园)吗？
すみません，(上野公園)へ 行く 道 を 教えて ください？
sumimasen, (ueno kouen)he iku michi wo oshiete kudasai?

到(上野公园)是走这条路吗？
(上野公園) へ 行く には この 道 でいいですか？
(ueno kouen) he iku niwa kono michi deiidesuka?

到(上野公园)可以步行前往吗？
歩いて (上野公園) まで 行けますか？
aruite (ueno kouen) made ikemasuka？

若要步行前往，大约要多久呢？
歩いて は どれくらい 時間 が かかりますか？
aruite wa dore kurai jikan ga kakarimasuka？

离这里最近的(火车站／地铁站)在哪里？
最近り の (電車駅／地下鉄駅) は どこ ですか？
moyori no (densha eki／chikatetsu eki) wa dokodesuka？

我迷路了。
道 に 迷って しまいました。
michi ni mayotte shimaimashita。

可以画一张简图给我吗？
すみません，略図 を 書いて ください？
sumimasen ryakuzu wo kaite kudasai？

是左边还是右边？
右側 ですか、 左側 ですか？
migigawa desuka, hidarigawa desuka？

观光时

请问在哪里买门票？
入場券 は どこで 買えますか？
nyuujyouken wa dokode kaemasuka？

请给我(2)张成人门票。
大人 (2) 枚 ください。
otona (2) mai kudasai。

门票多少钱？
入場料 は いくら ですか？
nyuujyouryou wa ikura desuka。

可以帮我拍张照吗？
写真 を 撮って もらえますか？
shashin wo tottemoraemasuka？

门票包括馆内所有展示的项目吗？
この チケット で すべて の 展示 が 見られますか？
kono cheketto de subete no tenji ga miraremasuka？

有(中文／英文)语音导览的耳机吗？
(中国語／英語) の イヤホン サービス は ありますか？
(chuugokugo／eigo) no iyahon sabisu wa arimasuka？

我可以拍照吗？
写真 を 撮っても いいですか？
shashin wo tottemo iidesuka？

请问纪念品专卖店在哪里？
お土産店 は どこですか？
omiyageten wa dokodesuka？

哪里是出口？
出口 は どこですか？
deguchi wa dokodesuka？

打招呼

早安。
お早う ございます。
ohayou gozaimasu。

晚上好。
こんばんは。
konbanwa。

不好意思。
ごめんなさい。
gomennasai。

对不起。
すみません。
sumimasen。

您好！
こんにちは？
konnichiwa？

请。
どうぞ。
douzo。

非常感谢。
どうも ありがとう ございます。
doumo arigatou gozaimasu。

多谢。
ありがとう。
arigatou。

再见。／さようなら。／ sayounara。

开始在日本自助旅行

位于京都火车站旁边的京都中央邮局

通信篇
Communication

**在日本，
打电话、寄信，怎么办？**

　　日本的公用电话有两个系统，分别用不同的电话卡，另外还有些比较便宜的国际卡，知道了会更方便。

打电话	134
使用一般电话卡系统	134
使用IC卡电话卡系统	135
电话卡的购买及使用	136
一般电话卡的购买及使用	136
预付电话卡的购买及使用	137
邮寄	138
应用日语	139

打电话

日本电讯公司(NTT)的公用电话随处可见,又分为一般电话卡及使用IC卡两个系统,两种都能打日本国内及国际电话。日本的家用、商用固网电话(有线电话)都是收费电话,所以最好还是随身携带电话卡。东京成田、东京羽田、大阪国际机场及札幌新千岁等,都提供手机租借服务,详情请见本书p.31"机场篇"。

使用一般电话卡系统

一般电话卡可使用的公共电话系统,市面上有两种:绿色电话及灰色电话。前者较旧,没有显示屏,放入电话卡后会显示剩余钱数;而灰色电话则较多、较新,拿起话筒后按 **#1**,就会变成英语操作。

一般公共电话使用步骤(绿色)

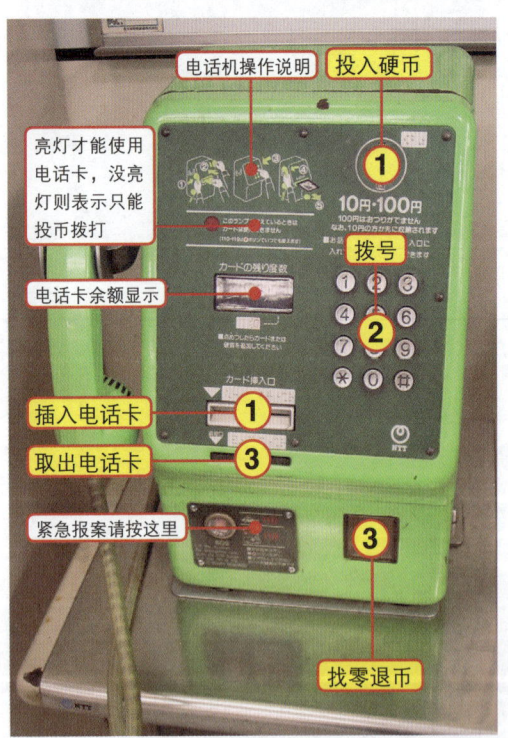

- 电话机操作说明
- 投入硬币
- 亮灯才能使用电话卡,没亮灯则表示只能投币拨打
- 拨号
- 电话卡余额显示
- 插入电话卡
- 取出电话卡
- 紧急报案请按这里
- 找零退币

一般公共电话使用步骤(灰色)

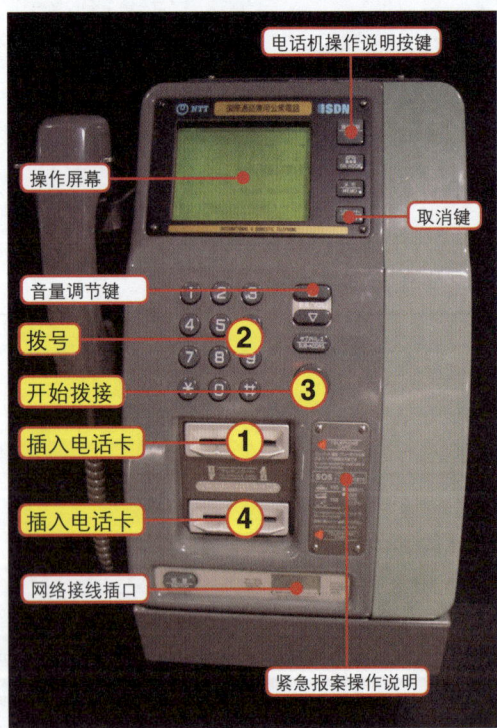

- 电话机操作说明按键
- 操作屏幕
- 取消键
- 音量调节键
- 拨号
- 开始拨接
- 插入电话卡
- 插入电话卡
- 网络接线插口
- 紧急报案操作说明

使用IC卡电话卡系统

IC卡系统的电话机同样有屏幕显示，只要按下英语按钮，就会自动切换成英语操作。

【日本各地区的电话区号】

札幌 011	仙台 022	新潟 025
琦玉 048	千叶 043	成田 0476
东京 03	横滨 045	京都 075
名古屋 052	奈良 0742	大阪 06
神户 078	广岛 082	福冈 092
大分 0975	那霸 098	

IC卡系统公共电话使用步骤(可连接网络)

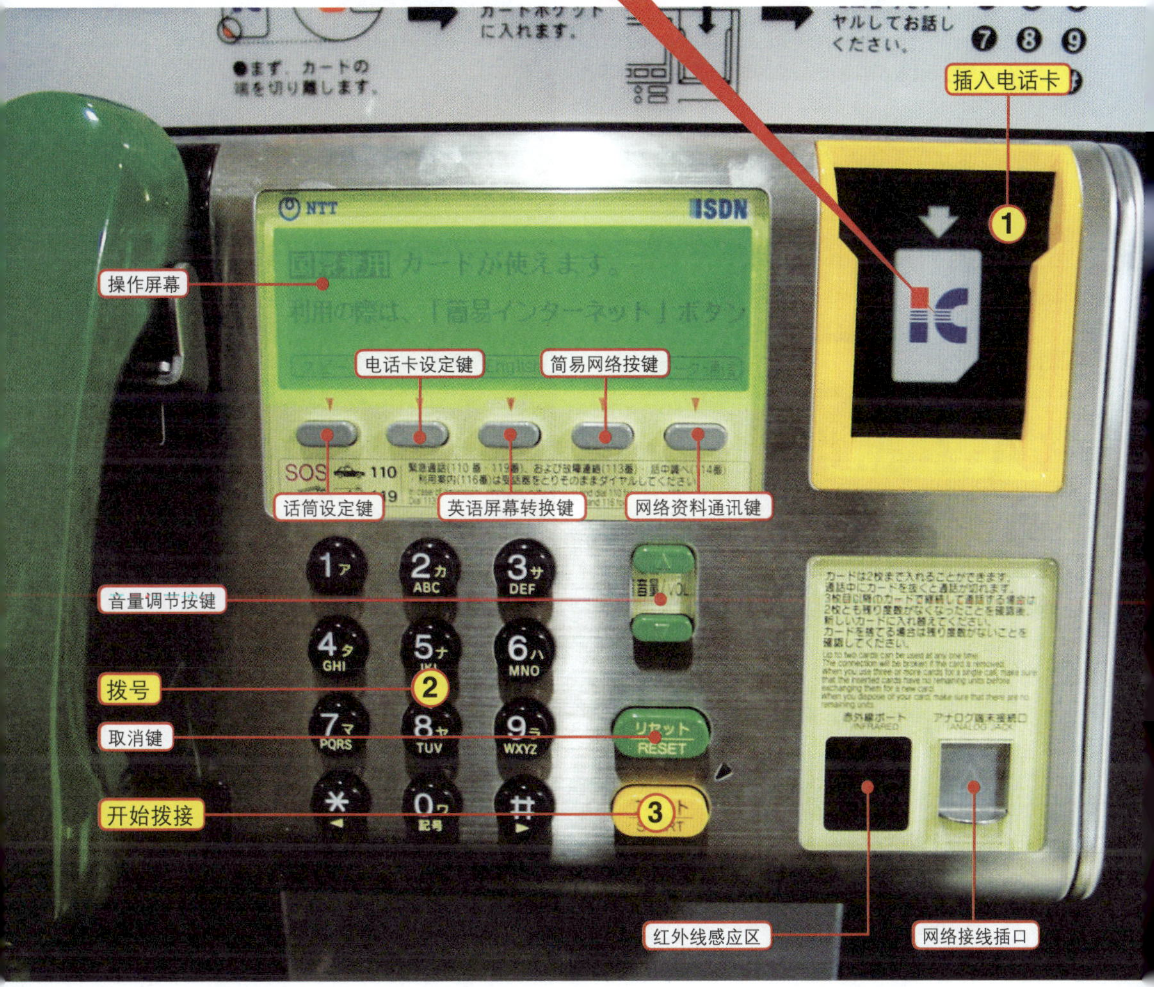

IC电话卡在使用前，须把其右下角的角位除去，才可平放在电话机上开启电话机。

- 插入电话卡 ①
- 操作屏幕
- 电话卡设定键
- 简易网络按键
- 话筒设定键
- 英语屏幕转换键
- 网络资料通讯键
- 音量调节按键
- 拨号 ②
- 取消键
- 开始拨接 ③
- 红外线感应区
- 网络接线插口

电话卡的购买及使用

一般电话卡的购买及使用

使用一般电话卡或IC电话卡拨打国际电话,除了拨打001(KDD)及0033(NTT)以外,还有收费较便宜的0041(Japan Telecom)及0061(IDC)两家国际电话。

从日本打回中国

001/0033/0041/0061(国际冠码)
+86(中国国码)
+××××(中国各地区号)
+市内固定电话号码

一般电话卡的购买步骤

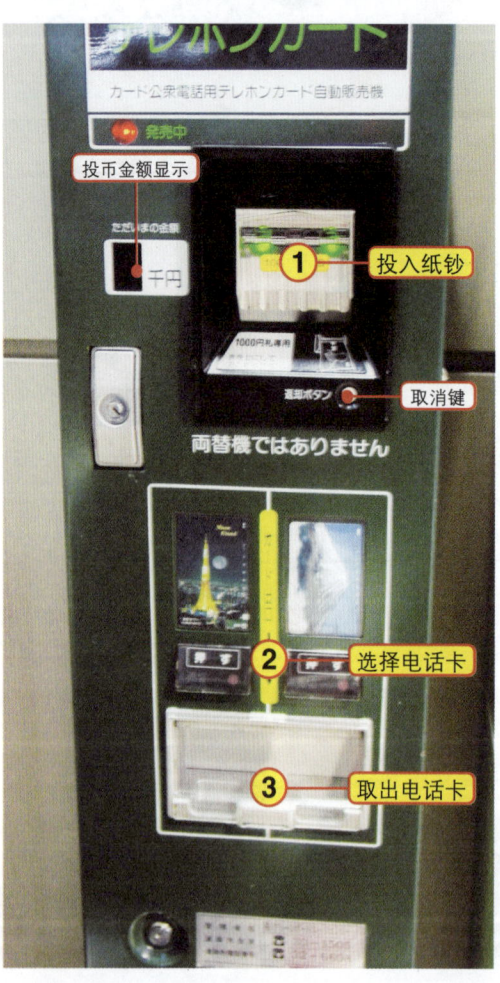

- 投币金额显示
- ① 投入纸钞
- 取消键
- ② 选择电话卡
- ③ 取出电话卡

IC电话卡的购买步骤

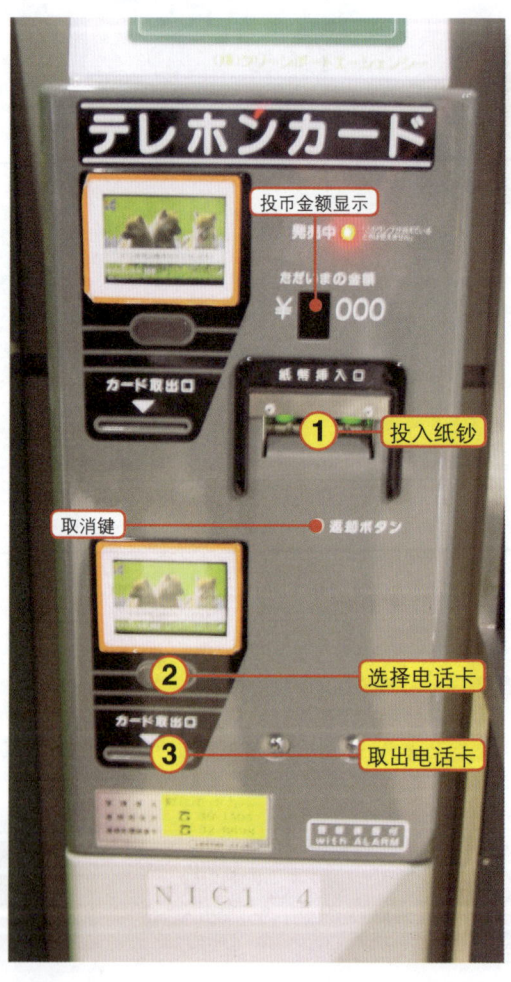

- 投币金额显示
- ① 投入纸钞
- 取消键
- ② 选择电话卡
- ③ 取出电话卡

预付电话卡的购买及使用

一般电话卡拨打国际电话的收费都很贵，建议到各便利商店购买"KDD Super World Card"或"日本Telecom Moshi Moshi Card"等预付电话卡，收费较便宜。

如何拨号

Step 1　投入10日元硬币或插入一般电话卡

预付电话卡不能直接插进公共电话，只有10日元硬币或用一般电话卡才可以打国际电话。

Step 2　开始依照预付电话卡背面的方法使用

FIT：刮开密码，如w0088-22-3654(FIT公司)→选择语种(中文、英语、日语等9种)→输入密码→按受话者所在国码＋受话者所在区域号码＋受话者电话号码。

KDD：刮开密码，如w0055→等通话后→会有英语和日语说明→输入密码→按受话者所在国码＋受话者所在区域号码＋受话者电话号码。

Step 3　通话结束后，10日元硬币会退回

拨打国际电话的费用会直接从预付电话卡上扣除，所以通话完毕后，10日元硬币会退回，一般电话卡也不会扣点数，饭店或家用电话也不会被扣费。

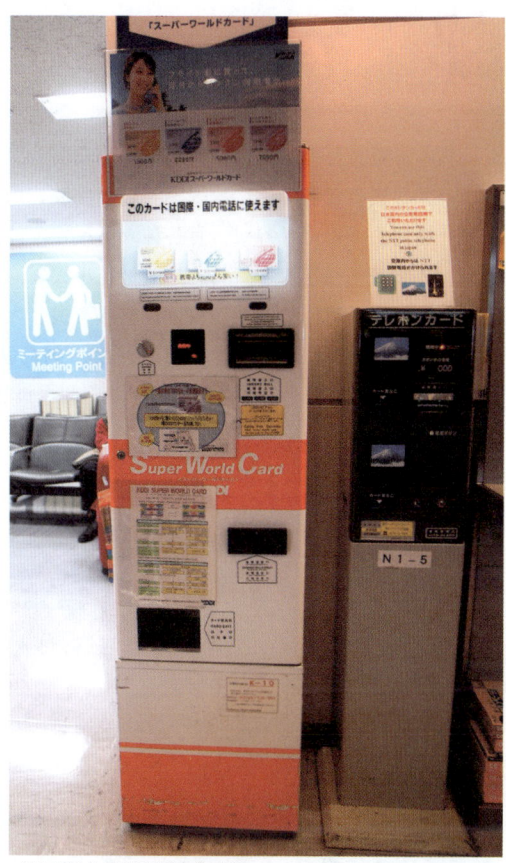

成田机场的国际电话卡售卖机

电话卡使用小提醒

IC卡跟一般电话卡不能混在一起使用
　　IC卡跟一般电话卡这两种卡系统不相容，购买电话卡时需注意。

IC卡电话机少见，还是买一般电话卡保险些
　　就笔者观察，一般电话卡系统的电话机较多，而一些旧式的旅馆或较偏远的地点都没有IC卡系统的电话机，所以还是购买一般电话卡比较好。

只要有预付电话卡，哪里都能打国际电话
　　只要有预付电话卡，任何地方的电话都可打国际电话。

买国际电话卡，看店内有没有贴标志
　　除了成田机场的便利商店以外，店头贴有销售国际电话卡标志的24小时便利商店都有卖。

邮　　寄

　　日本邮箱有两个投入口，本地信件放左侧入口，航空邮件则放右侧入口。如果要寄包裹的话，建议不要自己包装，因为邮局有一些特制的包裹寄送用的纸箱可以购买，有各种大小尺寸，价格为200、140及100日元，还配备一些包装用材料，是一个花小钱省麻烦的好方法。在填写邮寄表格时，若有问题的话，可以询问服务员，因表格已用英、日语注明，至少可以先填上邮寄地址及邮寄物。邮局营业时间：周一～五09:00～17:00，周六、日休息，但各大城市的中央邮局会每天营业。

颇具怀旧味道的可爱邮筒

学会填写包裹邮寄单

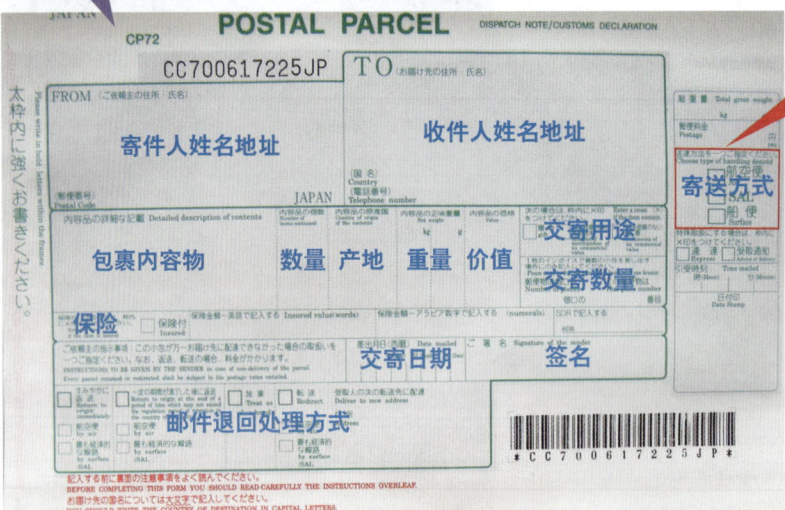

右侧的红格需要邮寄者选择包裹的寄送方法：

"**航空便**"：为最快最贵的邮件，只需数天就可寄到国外。

"**SAL**"：同样是航空邮件，但不是以快递急件处理，运送时间约一星期。

"**船便**"：虽是最便宜的邮寄方法，但往往需要近一个月时间。

日本邮局的外观

日本邮局的标志

日本的邮票

邮寄包裹的纸箱

	日本国内邮件的收费	寄往亚洲各国的航空邮件收费
重达25g的信件	80日元	90日元
重达50g的信件	90日元	160日元
明信片	50日元	70日元

＊以上资料时有变动，出发前请再次确认。

应用日语 あいうえお

Traveling in Japan

通信篇

实用单词

寄信人／送り主／okuri nushi
收信人／受け取り人／uketori nin
邮票／切手／kitte
信封／封筒／fuutou
明信片／葉書／hagaki
信纸／便箋／binsen
请小心处理／取扱い注意／toriatsukai chuui
航空邮递／航空便／koukuubin
船邮递／船便／senbin

电话亭／電話ボックス／denwa bokkusu
手机／携帯電話／keitai denwa
国际电话／国際電話／kokusai denwa
国内电话／国内電話／kokunai denwa
电话号码／電話番号／denwa bangou
电话卡／レフォン カード／terehon kado
预付电话卡／プリペイド カード／puripeido kado
公共电话／公衆電話／koushou denwa

应用会话

询问饭店柜台寄信问题

这里卖邮票吗？
ここ で 切手 を 売っていますか？
koko de kitte wo utteimasuka?

最近的邮局在哪里？
最近り の 郵便局 は どこですか？
moyori no uubinkyoku wa dokodesuka?

可以帮我寄出这份邮件吗？
これ を 投函 してもらえ ますか？
kore wo toucan shitemorae masuka?

请问邮筒在哪里？
ポスト は どこに ありますか？
posuto wa dokoni arimasuka?

邮局内寄信或包裹

我想将这件(包裹)以(空邮／船邮)方式寄到(北京)去。
この(小包)を(航空便／船便)で(北京)に 送りたいの ですが。
kono (kotsutsumi) wo(koukuubin／senbin) de(Beijing)ni okuritaino desuga.

(航空邮递／船邮递)需要多少钱？
(航空便／船便) で いくら かかりますか？
(koukuubin／senbin) de ikura kakarimasuka?

能教我怎么填写邮寄单吗？
書き 方 を 教えて いただけ ませんか？
kaki kata wo oshiete itadakemasenka?

包裹里有易碎品。
割れ物 が 入っています。
waremono ga haitteimasu。

包裹有没有重量限制？
重量 制限 は ありますか？
jyuuryou seigen wa arimasuka?

请给我(一)枚(80)日元的邮票。
(80) 円 の 切手を (1) 枚 ください。
(hachijyuu) yen no kitte wo (ichi) mai kudasai。

打电话

哪里有公共电话？
公衆 電話 は どこに ありますか？
koushuu denwa wa dokoni arimasuka?

能教我怎样使用这个电话吗？
この 電話 の 使い方 を 教えて いただけませんか？
kono denwa no tsukaikata wo oshiete itadakemasenka?

请给我(一)张(500)日元的电话卡。
(500) 円 の テレフォン カード を (1枚) ください。
(gohyaku) yen no terefon kado wo (ichi mai) kudasai。

请问怎样打电话到(北京)？
(北京) への 電話 は どのように するのですか？
(Beijing) heno denwa wa dono youni surunodesuka?

这台电话可以打到台湾(香港)吗？
この 電話 で 台湾 (香港) に かけられますか？
Kono denwa de Taiwan (HongKong) ni kakeraremasuka?

我想打长途电话到北京。(在饭店)
北京 に 国際電話 を お願いします。
Beijing ni kokusai denwa wo onegaishimasu。

开始在日本自助旅行

应变篇
Emergencies

图片提供／许志忠

在日本，
发生紧急状况怎么办？

日本治安相对来说比较好，不过出门在外还是得小心谨慎。本篇提供各种紧急状况下的处理办法。

遇到紧急状况怎么办？	142
生病、受伤怎么办？	143
应用日语	143
救命小纸条	144
小街头大发现	144

遇到紧急状况怎么办？

女性专用车厢

搭车选坐有"女性专用席"的列车

虽说日本的治安良好，是自助旅行菜鸟的最佳出游国，但在机场、东京闹区内，或东京拥挤的火车上，都要加倍留意随身物品、行李。而女性游客在东京坐电车时，早上9点前高峰时段内可以选搭有"女性专用席"的车厢，以确保安全。

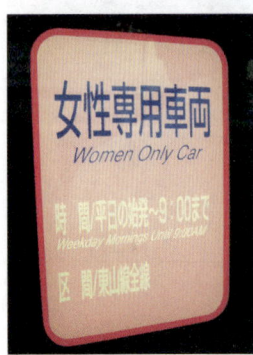

报案、挂失或问路

报案、挂失或问路，找"交番"

日本很少有警察在街上巡逻，如果要找警察报案、挂失或问路，都可到各地的"交番"(派出所)，找值班的警察。一些大型火车站，如新宿、池袋、上野等火车站附近都设有"交番"。

紧急状况求助

遇到紧急情况，赶快打电话

紧急情况下，赶快使用灰色电话或IC卡公用电话打110或119，不用投10元硬币或插电话卡，拿起话筒直接拨打就可以了。如果是旧式的绿色电话，电话机体左下角有一个红色按钮，直接按下就可以。

直接按下即可通话

遇到火灾

遇到火灾，快找"非常口"

如果遇上火警，应保持冷静，尽快找到紧急出口(非常口)，离开现场。饭店跟旅馆都在房间或走廊贴有逃生路线图，最好在办理入住时先了解一下逃生路线。

生病、受伤怎么办？

生病的时候，打电话给"AMDA国际医疗情报中心"

在日本如果生病，需要看医生的话，可以打电话到"AMDA国际医疗情报中心"，它会给您介绍会说外语的医生、诊所，并说明有关保险、医疗的事宜。

- 东京地区： 03-5285-8088，03-5285-8181
  周一~五 09:00~17:00
- 关西地区： 06-6636-2333
  周一~五 09:00~17:00；周一~五提供英语服务，其中几天同时可提供中文服务。

6个一定要记得的求救电话

火警、救护车 119
警察局 110
警察局(遗失物品) 03-3814-4151
警局英语热线(东京) 3501-0110
医疗询问电话(东京) 5285-8181(英语、中文)
Japan Helpline 0120-461-997
（这是东京一条专为外国人而设、有24小时服务的紧急热线，接线员懂英文，可在紧急时使用。）

＊以上资料时有变动，出发前请再次确认。

东京有提供外国人医疗服务的医院

- 圣母病院 (Seibo Byoin)
  地址：东京都新宿区中落合2-5-1
  电话：03-3951-1111

- 日本红十字社医疗中心
  (Nihon Sekijujisha Iryo Center)
  地址：东京都涩谷区广尾4-1-22
  电话：03-3400-1311

- 圣路加病院 (Seiroka Byoin)
  地址：东京都中央区明石町9-1
  电话：03-3541-5151

- 东京卫生病院 (Tokyo Eisei Byoin)
  地址：东京都杉并区天沼3-17-3
  电话：03-3392-6151

药妆店可以方便地买到简单药品，以及各式美妆商品

应用日语 あいうえお

头晕／眩暈 が します／memai ga shimasu
想呕吐／吐き気 が します／hakike ga shimasu
发烧／熱 が あります／netsu ga arimasu
感冒／風邪を引いて います／kaze wo hiite imasu
拉肚子／下痢 を しています／geri wo shiteimasu

请给我（感冒／止泻／胃痛／头痛／退烧／便秘）药。
（風邪／下痢／胃痛／頭痛／熱／便秘）のための薬をください。
(kaze / geri / itsuu / zutsuu / netsu / benpi) no tameno kusuri wo kudasai.

我觉得很不舒服。
具合 が 悪い の です。
guai ga warui no desu。

请给我申报保险的诊断报告及收据。
保険用 に 診断書 と 領収書 をください。
hokenyou ni shindansho to ryousyuusho wo kudasai。

救命小纸条 请以中文或英文填写

个人紧急联络卡
Personal Emergency Contact Information

姓名Name：

年龄Age：

血型Blood Type：

护照号码Passport No：

信用卡号码：

海外挂失电话：

旅行支票号码：

海外挂失电话：

航空公司海外电话：

紧急联络人Emergency Contact (1)：

联络电话Tel：

紧急联络人Emergency Contact (2)：

联络电话Tel：

中国地址Home Add：（英文地址，填写退税单时需要）

投宿旅馆：

旅馆电话：

其他备注：

重要应变电话号码
警察局 110
火警、救护车 119
警局英语热线 3501-0110（东京）
Japan Helpline 0120-461-997
是东京一条专为外国人而设、24小时服务的紧急热线，接线员懂英文，可在紧急时使用。

小街头大发现

各具特色的地上风情

日本各地的井盖都不同，有的画有当地地标建筑，有的又画着当地的代表吉祥物，日本全国各地，您能找到多少个呢？

热情有趣的街头表演

日本各地的主要火车站前，总会见到些街头乐队在表演，他们很少向人要钱，反而会给人一份问卷以反省自己演出的不足，又会向人介绍其个人录制的CD，或即将在某个酒吧所举行的个人音乐会资料。

无声胜有声的车厢景象

由于日本的地铁车厢内不能使用手机打电话，所以大家经常可以看到，很多日本人在地铁内埋头苦战发短信。

中国驻日本大使馆

地址：〒106-0047 东京都港区元麻布3-4-33
电话：03-3403-3388（总机）03-3403-3380（值班）
网站：http://www.china-embassy.or.jp
交通：可乘坐地铁"营团日比谷线"，在六本木站下车，沿"朝日电视通"往南步行约10分钟即到。